Nordisch-katholische Kirche und Union von Scranton

Grundlegende Rechts- und Bekenntnistexte. Historischer Abriss

AF221391

ΣΥΝΟΔΟΣ | S Y N O D O S
– Schriftenreihe des Martinuswerks –

Band 3

ΣΥΝΟΔΟΣ | SYNODOS
– Schriftenreihe des Martinuswerks –
herausgegeben von Dr. Daniel Gerte

Band 3:
Nordisch-katholische Kirche und Union von Scranton:
Grundlegende Rechts- und Bekenntnistexte.
Historischer Abriss

Zum Titel dieses Bandes

Die altkatholischen Kirchen, zumeist entstanden nach 1870 aus der Opposition zu den Papstdogmen (Jurisdiktionsprimat und Unfehlbarkeit) des Ersten Vatikanischen Konzils, haben seit Anbeginn den Schulterschluss mit den orthodoxen Kirchen einerseits und den anglikanischen Kirchen andererseits gesucht. Daraus wurde gegen Ende des 20. Jahrhunderts eine Zerreißprobe. Denn einerseits fand der orthodox-altkatholische Dialog 1987 einen erfolgreichen Abschluss und mündete in der Feststellung eines weitreichenden, für die volle Kirchengemeinschaft hinreichenden theologischen Konsens. Andererseits aber beschleunigte sich ab den 1980er Jahren in vielen anglikanischen Kirchenprovinzen der Siegeszug des theologischen Liberalismus (meist erkennbar am Umgang mit der Frage der Frauenordination) und hielt von dort aus auch Einzug in die westeuropäischen altkatholischen Schwesterkirchen (seit den 1930er Jahren in Kirchengemeinschaft mit den anglikanischen Kirchen). Die daraus resultierenden Fliehkräfte zerrissen schließlich 2003 die Utrechter Union der altkatholischen Kirchen: Nach über hundertjähriger Mitgliedschaft verließ die größte Mitgliedskirche, die Polnisch-katholische Nationalkirche Nordamerikas (PNCC), mitsamt ihrer seit 1999 bestehenden skandinavischen Administratur, der Nordisch-katholischen Kirche, die Utrechter Union, um ihr klassisches, traditionelles altkatholisches Profil zu bewahren. 2010 begründete sie eine eigene Kirchenunion: die Union von Scranton.

Nordisch-katholische Kirche und Union von Scranton

Grundlegende Rechts- und Bekenntnistexte. Historischer Abriss

Übersetzt, kommentiert und herausgegeben von

F. Irenäus Herzberg

Bibliografische Information der Deutschen Nationalbibliothek.
Die Deutsche Nationalbibliothek verzeichnet diese Publikation in der Deutschen Nationalbibliografie; detaillierte bibliografische Daten sind im Internet über http://dnb.dnb.de abrufbar.

(Sachgruppe 230; DDC 238.48, 262.9848, 264.36, 273.9, 284.84)

Approbatum imprimatur.
Datum Asloæ, die XVII Iulii MMXX
✠ Dr. ROALD NIKOLAI FLEMESTAD
Episcopus Ecclesiæ Nordico-Catholicæ

»Nordisch-katholische Kirche und Union von Scranton:
Grundlegende Rechts- und Bekenntnistexte. Historischer Abriss«

(SYNODOS : Schriftenreihe des Martinuswerks ; Band 3)

Herausgeber, Übersetzer und Redaktion:
F. Irenäus Herzberg

1. Auflage 2020
Copyright © 2020 by F. Irenäus Herzberg

Herstellung und Verlag: BoD – Books on Demand, Norderstedt
ISBN 9783751921435

Inhaltsverzeichnis

Lehrgrundlagen der Union von Scranton

Deutsche Übersetzung grundlegender Bekenntnistexte der altkatholischen Union von Scranton

Inhaltsangabe

Apostolisches Glaubensbekenntnis

Basierend auf dem altrömischen Taufbekenntnis (ca. 200), seit dem 7. Jahrhundert in der heutigen Form im Gebrauch; hier die ökumenische Übersetzung für das deutsche Sprachgebiet.

ICH glaube an Gott,
den Vater, den Allmächtigen,
den Schöpfer des Himmels und der Erde.

Und an Jesus Christus,
seinen eingeborenen Sohn, unsern Herrn,
empfangen durch den Heiligen Geist,
geboren von der Jungfrau Maria,
gelitten unter Pontius Pilatus,
gekreuzigt, gestorben und begraben,
hinabgestiegen in das Reich des Todes,
am dritten Tage auferstanden von den Toten,
aufgefahren in den Himmel;
er sitzt zur Rechten Gottes,
des allmächtigen Vaters;
von dort wird er kommen,
zu richten die Lebenden und die Toten.

Ich glaube an den Heiligen Geist,
die heilige katholische Kirche,
Gemeinschaft der Heiligen,
Vergebung der Sünden,
Auferstehung der Toten
und das ewige Leben.
Amen.

Nizänisches Glaubensbekenntnis

Auf der Basis älterer Bekenntnisse beschlossen vom Ersten Ökumenischen Konzil (Nizäa 325), redigiert und – besonders im dritten Artikel – erweitert vom Zweiten Ökumenischen Konzil (Konstantinopel 381) und endgültig bestätigt auf dem Dritten Ökumenischen Konzil (Ephesus 431); hier in der ökumenischen Übersetzung für das deutsche Sprachgebiet.

WIR glauben an den einen Gott,
den Vater,
den Allmächtigen,
der alles geschaffen hat,
Himmel und Erde,
die sichtbare und die unsichtbare Welt.

Und an den einen Herrn Jesus Christus,
Gottes eingeborenen Sohn,
aus dem Vater geboren vor aller Zeit:
[Gott von Gott,][0]
Licht vom Licht,
wahrer Gott vom wahren Gott,
gezeugt, nicht geschaffen,
eines Wesens mit dem Vater;
durch ihn ist alles geschaffen.
Für uns Menschen und zu unserm Heil
ist er vom Himmel gekommen,
hat Fleisch angenommen durch den Heiligen Geist
von der Jungfrau Maria und ist Mensch geworden.
Er wurde für uns gekreuzigt unter Pontius Pilatus,
hat gelitten und ist begraben worden,
ist am dritten Tage auferstanden nach der Schrift
und aufgefahren in den Himmel.

---

[0]Die im Westen übliche Apposition *Deum de Deo* (Θεὸν ἐκ Θεοῦ) gehört eigentlich nicht zum Bekenntnis von Konstantinopel, wohl aber zu jenem von Nizäa (DH 125; 150). Im Gegensatz zum späteren Einschub des *Filioque* hat sie keine weitere theologische Signifikanz.

10

Er sitzt zur Rechten des Vaters
und wird wiederkommen in Herrlichkeit,
zu richten die Lebenden und die Toten;
seiner Herrschaft wird kein Ende sein.

Wir glauben an den Heiligen Geist,
der Herr ist und lebendig macht,
der aus dem Vater[0] hervorgeht,
der mit dem Vater und dem Sohn
angebetet und verherrlicht wird,
der gesprochen hat durch die Propheten,
und die eine, heilige, katholische und apostolische Kirche.
Wir bekennen die eine Taufe zur Vergebung der Sünden.
Wir erwarten die Auferstehung der Toten
und das Leben der kommenden Welt.
Amen.

---

[0] An dieser Stelle wurden – zunächst aus theologischen Gründen (zwecks Abwehr des Arianismus) in der hispano-gallischen Kirche, ab dem 11. Jahrhundert aus politischen Gründen in der gesamten Westkirche – die Worte eingefügt: »und dem Sohn« (*Filioque*). Dieser Einschub stellt nicht nur eine einseitige Änderung des gemeinsamen Bekenntnisses durch den westlichen Teil der e i n e n Kirche dar; er führt auch zu trinitätstheologischen Verirrungen, nämlich insbesondere zur Leugnung der dogmatischen Tatsache, dass der Vater die e i n z i g e Quelle der Gottheit ist. Deshalb haben alle altkatholischen Kirchen in den ersten Jahrzehnten nach ihrem Beitritt zur Utrechter Union diesen Einschub aus dem Credo getilgt. Zudem hat die Internationale Altkatholische Bischofskonferenz vor einem halben Jahrhundert ihre Ablehnung des Filioque aus kanonischen und dogmatischen Gründen in ihrem *Glaubensbrief* sowie in ihrer *Erklärung zur Filioque-Frage* in höchster Feierlichkeit bekräftigt, indem sie beide Dokumente im Juni 1970 im Phanar dem Ökumenischen Patriarchen Athenagoras durch eine vom Utrechter Erzbischof-Coadjutor Marinus Kok angeführte Delegation persönlich überreichte. Vgl. IKZ 61 (1971) Nr. 2, 65–70.

Utrechter Erklärung (1889)

In nomine ss. Trinitatis.

[Die Unterzeichneten],

den 24. September 1889, unter Anrufung des heiligen Geistes in der erzbischöflichen Wohnung zu Utrecht versammelt, erlassen nachfolgende Erklärung

an die katholische Kirche.

Infolge einer Einladung des mitunterzeichneten Erzbischofs von Utrecht zu einer Besprechung versammelt, haben wir beschlossen, fortan von Zeit zu Zeit zur Beratung gemeinsamer Angelegenheiten, unter Zuziehung unserer Gehilfen, Räte und Theologen, zusammen zu kommen.

WIR halten es für angemessen, bei dieser ersten Zusammenkunft die kirchlichen Grundsätze, nach welchen wir bisher unser bischöfliches Amt verwaltet haben und auch in Zukunft verwalten werden und welche wir in Einzel-Erklärungen auszusprechen wiederholt Gelegenheit gehabt haben, in einer gemeinsamen Erklärung kurz zusammenzufassen.

1. Wir halten fest an dem altkirchlichen Grundsatz, welchen Vincentius von Lerinum in dem Satz ausgesprochen hat: *Id teneamus, quod ubique, quod semper, quod ab omnibus creditum est; hoc est etenim vere proprieque catholicum.* Wir halten darum fest an dem Glauben der alten Kirche, wie er in den ökumenischen Symbolen und in den allgemein anerkannten dogmatischen Entscheidungen der ökumenischen Synoden der ungeteilten Kirche des ersten Jahrtausends ausgesprochen ist.

2. Als mit dem Glauben der alten Kirche in Widerspruch stehend und die altkirchliche Verfassung zerstörend verwerfen wir die vatikanischen Dekrete vom 18. Juli 1870 über die Unfehlbarkeit und den Universal-Episkopat oder die kirchliche Allgewalt des römischen Papstes. Das hindert uns aber nicht, den historischen Primat anzuerkennen, wie denselben mehrere ökumenische Konzilien und die Väter der alten

Kirche dem Bischof von Rom als dem *primus inter pares* zugesprochen haben mit Zustimmung der ganzen Kirche des ersten Jahrtausends.

3. Wir verwerfen auch als in der heiligen Schrift und der Überlieferung der ersten Jahrhunderte nicht begründet die Erklärung Pius IX. vom Jahre 1854 über die unbefleckte Empfängnis Mariä.

4. Was die anderen in den letzten Jahrhunderten von dem römischen Bischof erlassenen dogmatischen Dekrete, die Bullen *Unigenitus, Auctorem fidei*, den *Syllabus* von 1864 usw. betrifft, so verwerfen wir dieselben, soweit sie mit der Lehre der alten Kirche in Widerspruch stehen, und erkennen sie nicht als maßgebend an. Überdies erneuern wir alle diejenigen Proteste, welche die alte katholische Kirche von Holland in früherer Zeit bereits gegen Rom erhoben hat.

5. Wir nehmen das Konzil von Trient nicht an in seinen Entscheidungen, welche die Disziplin betreffen, und wir nehmen seine dogmatischen Entscheidungen nur insoweit an, als sie mit der Lehre der alten Kirche übereinstimmen.

6. In Erwägung, dass die heilige Eucharistie in der katholischen Kirche von jeher den wahren Mittelpunkt des Gottesdienstes bildet, halten wir es für unsere Pflicht, auch zu erklären, dass wir den alten katholischen Glauben von dem heiligen Altarsakrament unversehrt in aller Treue festhalten, indem wir glauben, dass wir den Leib und das Blut unseres Herrn Jesus Christus selbst unter den Gestalten von Brot und Wein empfangen.

Die eucharistische Feier in der Kirche ist nicht eine fortwährende Wiederholung oder Erneuerung des Sühnopfers, welches Christus ein für allemal am Kreuze dargebracht hat; aber ihr Opfercharakter besteht darin, dass sie das bleibende Gedächtnis desselben ist und eine auf Erden stattfindende reale Vergegenwärtigung jener e i n e n Darbringung Christi für das Heil der erlösten Menschheit, welche nach Hebr 9,11.12 fortwährend im Himmel von Christus geleistet wird, indem er jetzt in der Gegenwart Gottes für uns erscheint. (Hebr 9,24.)

Indem dies der Charakter der Eucharistie bezüglich des Opfers Christi ist, ist sie zugleich ein geheiligtes Opfermahl, in welchem die den Leib und das Blut des Herrn empfangenden Gläubigen Gemeinschaft miteinander haben. (1 Kor 10,17.)

7. Wir hoffen, dass es den Bemühungen der Theologen gelingen wird, unter Festhaltung an dem Glauben der ungeteilten Kirche, eine Verständigung über die seit den Kirchenspaltungen entstandenen Differenzen zu erzielen. Wir ermahnen die unserer Leitung unterstellten Geistlichen, in der Predigt und bei dem Unterricht die wesentlichen christlichen Glaubenswahrheiten, zu welchen sich die kirchlich getrennten Konfessionen gemeinsam bekennen, in erster Linie zu betonen, bei der Besprechung der noch vorhandenen Gegensätze jede Verletzung der Wahrheit und der Liebe sorgfältig zu vermeiden und die Mitglieder unserer Gemeinden durch Wort und Beispiel anzuleiten, Andersgläubigen gegenüber sich so zu verhalten, wie es dem Geiste Jesu Christi entspricht, der unser aller Erlöser ist.

8. Durch treues Festhalten an der Lehre Jesu Christi, unter Ablehnung aller durch die Schuld der Menschen mit derselben vermischten Irrtümer, aller kirchlichen Missbräuche und hierarchischen Bestrebungen, glauben wir am erfolgreichsten dem Unglauben und der religiösen Gleichgültigkeit, dem schlimmsten Übel unserer Zeit, entgegen zu wirken.

Gegeben zu Utrecht, 24. September 1889.

Johannes Heykamp,
Erzbischof von Utrecht,

Casparus Johannes Rinkel,
Bischof von Haarlem,

Cornelius Diependaal,
Bischof von Deventer,

Joseph Hubert Reinkens,
Bischof der altkatholischen Kirche Deutschlands,

Eduard Herzog,
Bischof der christkatholischen Kirche der Schweiz.

Erklärung von Scranton (2008)

Deutsche Übersetzung der
Declaration of Scranton

Glaubensbekenntnis und Erklärung
formuliert von [den Unterzeichneten]

W IR halten treu an der Glaubensregel fest, welche der heilige Vinzenz von Lérins wie folgt ausgesagt hat: *Id teneamus, quod ubique, quod semper, quod ab omnibus creditum est; hoc est etenim vere proprieque catholicum.* (Lasst uns an dem festhalten, was immer und überall von allen geglaubt worden ist, denn das ist wahrhaft und wirklich katholisch.) Wir fahren darum beharrlich fort, den Glauben der alten Kirche zu bekennen, wie er in den ökumenischen Symbolen und in den allgemein anerkannten dogmatischen Entscheidungen der ökumenischen Synoden der ungeteilten Kirche des ersten Jahrtausends formuliert ist.

Deshalb verwerfen wir die Neuerungen des Ersten Vatikanischen Konzils, das am 18. Juli 1870 das Dogma über die Unfehlbarkeit und den Universal-Episkopat des römischen Papstes verkündete, da sie mit dem Glauben der alten Kirche in Widerspruch stehen und die altkirchliche Verfassung zerstören, indem sie dem Papst die Fülle aller kirchlichen Rechtsgewalt über sämtliche Bistümer und alle Gläubigen zuschreiben. Das hindert uns aber nicht daran, den historischen Primat anzuerkennen, den mehrere ökumenische Konzilien und die Väter der alten Kirche dem Bischof von Rom zugesprochen haben, indem sie ihn als *Primus inter pares* (Erster unter Gleichen) anerkannt haben.

Wir verwerfen auch das Dogma der Unbefleckten Empfängnis, verkündet von Papst Pius IX. im Jahre 1854, als Missachtung der Heiligen Schrift und als Widerspruch zur Überlieferung der ersten Jahrhunderte.[0]

---

[0]Die Utrechter Erklärung im deutschen Original ist hier ein wenig

Wir verwerfen ferner die Dogmatisierung der katholischen Lehre von der leiblichen Aufnahme der heiligen Jungfrau Maria in den Himmel durch Pius XII. aus dem Jahr 1950 als Missachtung der Heiligen Schrift.

Wir verwerfen die zeitgenössischen Neuerungen, die von der Anglikanischen Kirchengemeinschaft und den altkatholischen Kirchen der Utrechter Union verkündet werden. Wir betrachten diese Neuerungen auch als Missachtung der Heiligen Schrift und als Widerspruch zur Überlieferung der ersten Jahrhunderte, nämlich: die Ordination von Frauen zum Priesteramt, die Konsekration von Frauen zum Bischofsamt und die kirchliche Segnung gleichgeschlechtlicher Verbindungen.

In Erwägung, dass die Heilige Eucharistie (Heilige Messe) in der katholischen Kirche von jeher den wahren Mittelpunkt des Gottesdienstes bildet, halten wir es für unsere Pflicht, auch zu erklären, dass wir den alten katholischen Glauben von dem heiligen Altarsakrament unversehrt in aller Treue festhalten, indem wir glauben, dass wir den Leib und das Blut unseres Heilands Jesus Christus selbst unter den Gestalten von Brot und Wein empfangen. Die eucharistische Feier in der Kirche ist nicht eine fortwährende Wiederholung oder Erneuerung des Sühnopfers, welches Christus ein für allemal am Kreuze dargebracht hat; aber ihr Opfercharakter besteht darin, dass sie das bleibende Gedächtnis desselben ist und eine auf Erden stattfindende reale Vergegenwärtigung und Aneignung jener e i n e n Darbringung Christi für das Heil der erlösten Menschheit, welche nach Hebr 9,11.12 fortwährend im Himmel von Christus geleistet wird, indem er jetzt in der Gegenwart Gottes für uns erscheint (Hebr 9,24). Wenn der Charakter der heiligen Eucharistie so verstanden wird, ist sie zugleich ein geheiligtes Opfermahl, durch welches die den Leib und das Blut des Herrn empfangenden Gläubigen Gemeinschaft miteinander haben (1 Kor 10,17).

---

genauer: Es geht um das Fehlen einer hinreichenden Begründung aus Schrift und Tradition in der päpstlichen Bulle zur Dogmatisierung.

Wir hoffen, dass es katholischen Theologen, unter Festhaltung an dem Glauben der ungeteilten Kirche, gelingen wird, eine Verständigung über die seit den Kirchenspaltungen entstandenen Differenzen zu erzielen.

Wir halten die unserer Jurisdiktion unterstellten Priester dazu an: die wesentlichen christlichen Glaubenswahrheiten durch die Verkündigung des Wortes Gottes und durch die Unterweisung der Gläubigen zu vermitteln; bei der Besprechung gegensätzlicher Lehrmeinungen nach Wahrheit zu streben und Nächstenliebe zu üben; und in Wort und Tat, im Einklang mit den Lehren unseres Heilands Jesus Christus, den Gläubigen der Kirche ein Vorbild zu geben.

Durch treues Festhalten und Bekennen der Lehre Jesu Christi, unter Ablehnung jener Irrtümer, die durch menschliche Schuld die Kirche unterwandert haben, und durch Zurückweisung der kirchlichen Missbräuche sowie der Tendenz mancher Kirchenleiter, nach weltlicher Macht und Reichtum zu streben, glauben wir erfolgreich dem Unglauben und der religiösen Gleichgültigkeit, den schlimmsten Übeln unserer Zeit, entgegenzuwirken.

Lancaster (New York), den 28. April 2008

Die Bischöfe der Polnisch-katholischen Nationalkirche:

Bischof Robert M. Nemkovich Sr. (Leitender Bischof)
Bischof Thomas J. Gnat
Bischof Thaddeus S. Peplowski
Bischof Jan Dawidziuk
Bischof Sylvester Bigaj
Bischof Anthony Mikovsky
Bischof Anthony D. Kopka
Bischof John E. Mack

Offizieller Kommentar
zur Erklärung von Scranton

Deutsche Übersetzung des
Declaration of Scranton – Official Commentary

Vorwort

WIE am Inhalt zu erkennen ist, orientiert sich die Erklärung von Scranton aus dem Jahr 2008 stark an der Utrechter Erklärung der altkatholischen Kirchen von 1889. Dies gilt nicht nur für den Inhalt, sondern auch für die Gründe ihrer Entstehung.

Die Utrechter Erklärung wurde als Glaubenserklärung für die altkatholischen Kirchen verfasst. Die an ihrer Abfassung beteiligten Kirchen waren die altkatholischen Kirchen in Holland, Deutschland und der Schweiz. Diese Erklärung wurde später von der zu dieser Zeit ebenfalls existierenden altkatholischen Kirche Österreichs angenommen.[1] Die Utrechter Erklärung diente diesen Kirchen als Leitbild der Einheit, und aus ihr wurde die Utrechter Union geboren. Von dieser Zeit an diente die Utrechter Erklärung als Norm für jene Kirchen, die eine Bischofsweihe und die Aufnahme in die Utrechter Union anstrebten.

Vor seiner Weihe im Jahr 1907 musste Bischof Franciszek Hodur den Lehren der Utrechter Erklärung zustimmen und sie unterzeichnen. Diese Erklärung bleibt eines der maßgebenden Glaubensdokumente für die Glieder der Polnisch-katholischen Nationalkirche.[2]

---

[0]Die Fußnoten dieses Abschnitts finden sich auch im englischen Original, jedoch zum Teil mit anderen – eben für englischsprachige Leser ausgesuchten – Literaturhinweisen.

[1]Vgl. z.B. Fred Smit: »Die weitere Entwicklung der Utrechter Union (der altkatholischen Bischöfe) von 1889 bis 1909«. IKZ 79 (1989) Nr. 2, 109.

[2]Seit ihrer Gründung hat die Polnisch-katholische Nationalkirche

Bedauerlicherweise haben viele der altkatholischen Kirchen begonnen, die Utrechter Erklärung lediglich als historisches Kunstgebilde und nicht als Glaubensgrundlage zu betrachten. Diese Ansicht hat jene Kirchen dazu gebracht, vom Glauben der Ungeteilten Kirche, der in der Utrechter Erklärung dargelegt wird, abzuweichen. Dieses Abweichen wurde unüberbrückbar, als besagte Kirchen versuchten, Frauen zum heiligen Amt der Kirche zu ordinieren und gleichgeschlechtliche Verbindungen zu trauen.[3]

Aufgrund dieser Entwicklung innerhalb der Utrechter Union ist die Polnisch-katholische Nationalkirche seit 2003 von den fehlgeleiteten Kirchen dieser Union getrennt. Wie es scheint, ist die Polnisch-katholische Nationalkirche die einzig verbliebene Kirche, die noch an der Utrechter Erklärung als wahres Glaubensdokument für Altkatholiken festhält.

Nach dieser Trennung von der Utrechter Union ist die Polnisch-katholische Nationalkirche von anderen Glaubensgemeinschaften angesprochen worden, die im Vollsinn katholische Kirchen werden möchten. Sie bekunden den Wunsch, die überlieferten katholischen Überzeugungen und die Praxis der Alten Kirche (Kirche des ersten Jahrtausends) festzuhalten; hierzu zählt auch die Auffassung der Polnisch-katholischen Nationalkirche vom päpstlichen Amt.

---

immer den Glauben der ungeteilten Kirche bewahrt. Mit ihrem Beitritt zur Utrechter Union erkannte die Polnisch-katholische Nationalkirche die Übereinstimmung der Utrechter Erklärung mit den Auffassungen der frühen Kirche an; daher bildet diese auch einen Teil der Ekklesiologie der Polnisch-katholischen Nationalkirche. Vgl. die *Voraussetzungen für die Sakramentengemeinschaft* (S. 26ff.).

[3] Mehrere Kirchen der Utrechter Union versuchten in den 1990er Jahren die Ordination von Frauen zum heiligen Amt der Kirche und begannen später, gleichgeschlechtliche Verbindungen zu trauen; bei der Sitzung der Internationalen Bischofskonferenz am 20. November 2003 in Prag wurde die Polnisch-katholische Nationalkirche aus dieser Union entfernt – da sie sich weigerte, diese Abweichungen von der Heiligen Schrift und der heiligen Überlieferung der Kirche, auf denen die Utrechter Erklärung gründet, zu billigen und anzunehmen.

Die Polnisch-katholische Nationalkirche befand sich in einer ähnlichen Position wie die Kirche von Utrecht im Jahr 1889. Die altkatholische Kirche von Utrecht bestand seit 1724 und war in ihrem Bekennen des überlieferten katholischen Glaubens standhaft geblieben.[4] Als sich andere Glaubensgemeinschaften an sie wandten mit dem gleichen Verständnis des katholischen Glaubens und dem Wunsch, sich mit der Utrechter Kirche zu verbinden und gleichzeitig ihre Autonomie zu bewahren, benötigte man ein Dokument, um eine derartige Beziehung zwischen ihnen in Worte zu kleiden. Daher wurde die Utrechter Erklärung verfasst.

In ähnlicher Weise hat die seit 1897 bestehende Polnisch-katholische Nationalkirche den überlieferten katholischen Glauben unerschütterlich bewahrt. Andere Glaubensgemeinschaften haben sich an die Polnisch-katholische Nationalkirche gewandt, um an diesem Verständnis des Glaubens teilzuhaben und zugleich eine eigene autonome katholische Kirche zu bilden. Die Polnisch-katholische Nationalkirche hielt es für notwendig, die Utrechter Erklärung zu erweitern und Punkte des katholischen Verständnisses zu klären, die im Originaldokument nicht angesprochen wurden, insbesondere diejenigen, die sich mit den Fragen befassten, die den Bruch in der Utrechter Union verursacht haben. Aus diesem Grund wurde die Erklärung von Scranton verfasst. Sie gilt als maßgebendes Glaubensdokument der Polnisch-katholische Nationalkirche und ist die Norm für künftige Vereinbarungen mit jenen, die sich mit uns in der Union von Scranton verbinden möchten.

---

[4]Die Kirche von Utrecht brach mit der römisch-katholischen Kirche in der Frage des Rechts des Domkapitels zur Bischofswahl ohne vatikanischen Einfluss. Das Domkapitel wählte schließlich einen eigenen Bischof, Cornelis Steenoven, der von Bischof Varlet konsekriert wurde. Vgl. z.B. B.A. van Kleef, »Dominicus Maria Varlet 1678–1742 (Fortsetzung)«. IKZ 53 (1963) Nr. 3, 169–172.

Kommentar zur Erklärung von Scranton

DER erste Absatz ist direkt der Utrechter Erklärung entnommen. Die Polnisch-katholische Nationalkirche hält weiterhin mit Nachdruck an dieser grundlegenden Auffassung von wahrem und richtigem katholischen Glauben fest.[5] Dieser Absatz legt den Leitsatz für das Verständnis kirchlichen Glaubens fest. Die Polnisch-katholische Nationalkirche bekennt weiterhin den Glauben der frühen Kirche und wahrt die formulierten Glaubensbekenntnisse und die anerkannten dogmatischen Lehren der Ökumenischen Konzilien der Ungeteilten Kirche als lehramtliche Grundlagen unseres Glaubens.

Der zweite Absatz ist direkt der Utrechter Erklärung entnommen, um die Auffassung der Polnisch-katholischen Nationalkirche von der Rolle und dem Amt des Bischofs von Rom darzulegen. Die Polnisch-katholische Nationalkirche ist dieser Auffassung bereits vor der Unterzeichnung der Utrechter Erklärung durch Bischof Hodur im Jahr 1907 gewesen. Die I. Generalsynode 1904 äußerte sich hierzu, indem die Polnisch-katholische Nationalkirche das Dogma der Unfehlbarkeit und der universalen Jurisdiktion [vollumfänglichen Rechtsgewalt, Anm. d. Übers.] des Bischofs von Rom offiziell ablehnte.[6]

Der dritte Absatz ist direkt der Utrechter Erklärung entnommen. Die Unbefleckte Empfängnis als Dogma wird abgelehnt, weil die Polnisch-katholische Nationalkirche der Ansicht ist, dass der Bischof von Rom keine Glaubensartikel für die gesamte Kirche unfehlbar erklären kann, da die Polnisch-katholische Nationalkirche, wie oben festgestellt, die Unfehlbarkeit und die universale Jurisdiktion des Bischofs von

---

[5]Vinzenz von Lérins, *Commonitorium primum*, 2. PL 50,640, deutsche Übersetzung: BKV², I. Reihe, Bd. 20, 165.

[6]Casimir J. Grotnik (Hrsg.): *The Polish National Catholic Church: Minutes of the First Eleven General Synods, 1904–1963.* East European Monographs, New York: Columbia University Press 2002, 27.

Rom ablehnt. Die Lehre von der Unbefleckten Empfängnis [*immaculata conceptio*] der heiligen Jungfrau Maria ist jedoch eine Lehrmeinung, die in der gesamten Kirchengeschichte vertreten worden ist und sich ebenfalls in Lehraussagen der Polnisch-katholischen Nationalkirche findet.

Der vierte Absatz der Erklärung von Scranton antwortet auf die 1950 erfolgte römisch-katholische Dogmatisierung der Aufnahme der heiligen Jungfrau Maria in den Himmel – was meint, dass die heilige Maria am Ende ihres irdischen Lebens mit Leib und Seele in den Himmel aufgenommen wurde. Die Lehre von der Aufnahme bzw. dem Entschlafen der heiligen Jungfrau Maria ist ein Lehrsatz, der in der gesamten Kirchengeschichte vertreten worden ist und ebenfalls in der Lehre der Polnisch-katholischen Nationalkirche zu finden ist.[7] Die Dogmatisierung dieser Lehre ist der strittige Punkt. Die Polnisch-katholische Nationalkirche erkennt keine Berechtigung des Bischofs von Rom an, eine solche allgemein verbindliche Erklärung abzugeben.[8]

Diese Aussagen berühren in keiner Weise die traditionelle katholische Verehrung, die der heiligen Jungfrau Maria in der Polnisch-katholischen Nationalkirche zuteil wird. Sie ist die »Theotokos« [ϑεοτόκος = Gottesgebärerin, Anm. d. Übers.], die wahre Mutter Gottes, durch die unser Heiland Jesus

---

[7]Vgl. Urs v. Arx (Hrsg.): *Koinonia auf altkirchlicher Basis*, II/3, 3 [= IKZ 79 (1989) Beih. Nr. 4, 57]. Anm. d. Übers.: An der zitierten Stelle wird auch das rechte Verständnis der Unbefleckten Empfängnis – im Sinne der Sündlosigkeit – der Gottesgebärerin erläutert: »[Die Kirche] ehrt [...] die Gottesmutter als auserwähltes Gefäß des Heilswerkes [...] Sie nennt sie die Begnadete, die Erste der Heiligen und die reine Magd des Herrn und schreibt ihr damit eine relative Sündlosigkeit aus Gnaden zu, zumal von der Herabkunft des Heiligen Geistes auf sie an, denn der Natur nach und absolut sündlos ist allein unser Erlöser Jesus Christus.«

[8]Die Polnisch-katholische Nationalkirche erhebt diese Lehre nicht zum Dogma. Siehe die Erklärung der Bischöfe der Polnisch-katholischen Nationalkirche vom 4. November 1950, *God's Field* volume 26, issue #44.

Christus in die Welt hineingeboren wurde.[9] Sie hat eine starke Vollmacht der Fürbitte, und wir erstreben ihre Gebete und Fürbitte für uns, für die Kirche und für die Welt.

Der fünfte Absatz spricht die Themen an, die in der gesamten christlichen Welt zu heftigen Meinungsverschiedenheiten und Spaltungen geführt und in der Tat den Bruch in der Utrechter Union verursacht haben.[10] Wie im ersten Absatz der Erklärung von Scranton dargelegt, hält die Polnisch-katholische Nationalkirche an der Auffassung und den Entscheidungen der Ungeteilten Kirche in Bezug auf diese Fragen fest. Die Polnisch-katholische Nationalkirche lehnt die Ordination von Frauen in das dreigeteilte Amt des Diakonats, Presbyterats und Episkopats ab und weiß sich dabei in Übereinstimmung mit der Praxis der Ungeteilten Kirche, der Lehre über die apostolische Nachfolge[11] und den kirchlichen Dienst sowie der lebendigen Tradition der Kirche.[12] Die Polnisch-katholische Nationalkirche lehnt auch die Segnung gleichgeschlechtlicher Verbindungen ab.[13] Diese Neuerungen widersprechen der Heiligen Schrift und entsprechen nicht der Lehre und Praxis der Alten Kirche.

---

[9]Vgl. *Koinonia auf altkirchlicher Basis*, II/3, 3 [= IKZ 79 (1989) Beih. Nr. 4, 56].

[10]Vgl. Die Erklärung zur Beziehung der Polnisch-katholischen Nationalkirche mit der Utrechter Union vom 5. September 2006, in: *The Constitution and Laws of the Polish National Catholic Church*. Scranton, Pennsylvania, 2014, ii.

[11]Vgl. die Erklärung *Apostolic Succession in the Polish National Catholic Church* der Kommission für kirchliche Lehre der Polnisch-katholischen Nationalkirche *(PNCC Church Doctrine Commission)* 2007.

[12]Vgl. die Erklärung der XV. Generalsynode der Polnisch-katholischen Nationalkirche vom Oktober 1978 in Chicago, Illinois, zur Beendigung der Interkommunion mit der Episkopalkirche der Vereinigten Staaten, in: *The Constitution and Laws of the Polish National Catholic Church*. Scranton, Pennsylvania, 2014, 40.

[13]Vgl. die Erklärung *Called to Faithfulness* (»Zur Treue berufen«) der XXI. Generalsynode der Polnisch-katholischen Nationalkirche von 2002.

Der sechste Absatz ist direkt der Utrechter Erklärung entnommen und wird beibehalten, da die Polnisch-katholische Nationalkirche den überlieferten katholischen Glauben an die Eucharistie stets bekräftigt, aufrechterhalten und gelehrt hat. In der heiligen Eucharistie ist der auferstandene Christus wirklich und wesenhaft gegenwärtig. Wenn wir die heilige Kommunion empfangen, empfangen wir unseren Herrn und Heiland Jesus Christus höchstselbst. Das Heilige Messopfer ist für die Kirche die zentrale Handlung des Gottesdienstes, während welcher wir mit Christus und untereinander verbunden werden.[14]

Der siebte und der achte Absatz ähneln denen in der Utrechter Erklärung. Sie sind enthalten, weil die Polnisch-katholische Nationalkirche weiterhin ökumenische Anstrengungen unternehmen möchte, die Einheit der Kirche erstrebend, um welche unser Herr Jesus Christus gebetet hat:[15] »Alle sollen eins sein: Wie du, Vater, in mir bist und ich in dir bin, sollen auch sie in uns sein, damit die Welt glaubt, dass du mich gesandt hast.« (Joh 17,21) Derweil die Polnisch-katholische Nationalkirche eine Hüterin des Glaubensguts ist, das uns als Katholiken anvertraut ist, setzt sie sich weiterhin im Geiste der Liebe und des Verständnisses für andere ein. Die Tatsache der Spaltung innerhalb der Kirche stimmt nicht mit den Absichten unseres Herrn überein. Daher ermutigt die Polnisch-katholische Nationalkirche Theologen und Priester, nach Einheit zu streben, im Gedenken an die Worte des heiligen Paulus: »Ich ermahne euch aber, Brüder und Schwestern, im Namen Jesu Christi, unseres Herrn: Seid alle einmütig und duldet keine Spaltungen unter euch; seid vielmehr eines Sinnes und einer Meinung!« (1 Kor 1,10)

---

[14]Vgl. *Koinonia auf altkirchlicher Basis*, V/4, 3 [= IKZ 79 (1989) Beih. Nr. 4, 90].

[15]Vgl. die *Joint Declaration on Unity* (»Gemeinsame Erklärung zur Einheit«) des Dialogs zwischen der römisch-katholischen Bischofskonferenz der Vereinigten Staaten und der Polnisch-katholischen Nationalkirche von 2006.

Der neunte Absatz weist auf ein noch nicht erreichtes Ziel hin. Die Polnisch-katholische Nationalkirche strebt in Demut nach Gottes Gnade und ist davon überzeugt, dass Unglaube und Gleichgültigkeit überwunden werden können durch die Bewahrung und das Bekennen des kostbaren Glaubens, der uns überliefert worden ist. »Mit Wahrheit, Arbeit und Mühen wird es uns gelingen.«[16] Damit hoffen wir, den großen Missionsbefehl zu erfüllen, den uns unser Herr und Heiland Jesus Christus gegeben hat: »Darum geht und macht alle Völker zu meinen Jüngern; tauft sie auf den Namen des Vaters und des Sohnes und des Heiligen Geistes und lehrt sie, alles zu befolgen, was ich euch geboten habe. Und siehe, ich bin bei euch alle Tage bis zum Ende der Welt.« (Mt 28,19–20)

---

[16] Dies ist das Motto der Polnisch-katholischen Nationalkirche, das 1921 von der IV. Generalsynode angenommen wurde.

Voraussetzungen für die Sakramentengemeinschaft mit der Union von Scranton

Deutsche Übersetzung der
Requirements for Communion
with the Polish National Catholic Church,

im englischen Original ratifiziert von der
XXIII. Generalsynode der Polnisch-katholischen
Nationalkirche Nordamerikas
(Oktober 2010, Niagara Falls, Kanada)[17]

STREBT eine katholische Jurisdiktion die sakramentale Gemeinschaft mit der Polnisch-katholischen Nationalkirche an,[18] muss sie sich in Übereinstimmung befinden mit und ihre Treue bekennen zu:

- der authentischen, von den Aposteln überlieferten Lehre, wie sie in der Heiligen Schrift und der heiligen Tradition zu finden ist,

- einer gemeinsamen Feier des heiligen Messopfers als Vergegenwärtigung [*re-presentation* im englischen Original – Anm. d. Übers.] des Opfers von Golgatha, während welcher unser Herr und Heiland Jesus Christus wahrhaft und wesenhaft in der heiligen Eucharistie gegenwärtig ist,

- dem Nachweis einer identifizierbaren, gültigen und rechtmäßigen [im Sinne der kirchenrechtlichen Erlaubtheit oder *liceitas* – Anm. d. Übers.] apostolischen Sukzession.

---

[17]Vgl. IKZ 102 (2012) Nr. 3, 235–236.

[18]Gemäß Kirchenrecht der Union von Scranton ergibt sich aus einer neu fest gestellten Sakramentengemeinschaft mit der Polnisch-katholischen Nationalkirche letztlich die Mitgliedschaft in der Union von Scranton (Statuten der Union von Scranton, B 3).

Eine katholische Jurisdiktion, welche die Sakramentengemeinschaft mit der Polnisch-katholischen Nationalkirche anstrebt, muss ein gültiges und rechtmäßiges Bischofsamt nachweisen. Ein gültiges Bischofsamt ist eines, das seine Sukzession auf eine der katholischen Kirchen entweder des Ostens oder des Westen zurückführen kann. Ein rechtmäßiges Bischofsamt ist eines, das auf einem von der entsprechenden Jurisdiktion akzeptierten Wahlverfahren beruht. Falls eine Jurisdiktion kein gültiges und rechtmäßiges Bischofsamt besitzt, muss sie das Erfüllen aller in diesem Dokument aufgeführten Voraussetzungen erklären, bevor eine Bischofsweihe in Betracht gezogen werden kann.

Eine katholische Jurisdiktion, welche die Sakramentengemeinschaft mit der Polnisch-katholischen Nationalkirche anstrebt, muss die sieben Sakramente annehmen sowie die Lehre, dass die Feier der heiligen Messe ein Opfer ist, und sie muss die katholischen Grundsätze und Überzeugungen wahren, die man findet in:

- dem Apostolischen Glaubensbekenntnis;

- dem Nizänischen Glaubensbekenntnis;

- den Entscheidungen der ersten sieben Ökumenischen Konzilien;

- der Utrechter Erklärung;

- der Erklärung von Scranton.

Die Sakramentengemeinschaft basiert auf den drei folgenden Hauptpunkten:

1. Jede Kirche erkennt die Katholizität und Selbständigkeit der anderen an und bewahrt ihre eigene.

2. Jede Kirche verpflichtet sich, den Mitgliedern der anderen Kirchen die Teilnahme an den Sakramenten zu erlauben.

3. Die Sakramentengemeinschaft verlangt von keiner Kirche die Übernahme aller Lehrmeinungen, sakramentalen Frömmigkeit oder liturgischen Praxis, die für die andere charakteristisch ist, sondern schließt in sich, dass die jeweils andere alles Wesentliche des katholischen Glaubens festhält.[19]

Zwischen den Bischöfen der Kirchen, die sich in voller Sakramentengemeinschaft befinden, besteht Gleichheit, da durch Christi Stiftung jede Kirche von ihrem Bischof geleitet wird. Volle Sakramentengemeinschaft kann nach unserem Verständnis nur unter Bischöfen, in denen die apostolische Sukzession der Kirche fortdauert, bestehen. Damit »Bischöfe in voller Sakramentengemeinschaft« gemeinsam Anteil an der sakramentalen Natur der Kirche haben, muss eine bestimmte Beziehung oder Kollegialität unter ihnen bestehen. Die Polnisch-katholische Nationalkirche versteht die Kollegialität der Bischöfe so, dass sie das Folgende beinhaltet: »Wo immer der Bischof sich zeigt, da sei auch das Volk, so wie da, wo Jesus Christus ist, auch die katholische Kirche ist.«[20] Der

---

[19]Vgl. *The Constitution and Laws of the Polish National Catholic Church*. Scranton, Pennsylvania, 2014, 42. Anm. d. Übers.: Hier wird zwar die Ratifizierung der Bonner Übereinkunft von 1931 zwischen anglikanischen und altkatholischen Kirchen durch die VII. Generalsynode der Polnisch-katholischen Nationalkirche (Scranton, Pennsylvania, Oktober 1946) zitiert. Wohlgemerkt stellt das Kriterium des hier zu übersetzenden Dokuments eine begriffliche Präzisierung und – nach dem gängigen orthodoxen und (alt)katholischen Verständnis dieser Termini – auch inhaltliche Verschärfung des dritten Artikels der Bonner Übereinkunft dar; statt wie in Bonn 1931 allgemein »alles Wesentliche des christlichen Glaubens« verlangt dieser Passus nun »alles Wesentliche des katholischen Glaubens«.

[20]Ignatius von Antiochien, *Brief an die Smyrnäer*, 8, 2. Anm. d. Übers.: Die hier gegebene Übersetzung ist jene Franz Zellers aus der *Bibliothek der Kirchenväter* (BKV[2], I. Reihe, Bd. 35, München 1918, 150). Allerdings ist das von Zeller mit ›Volk‹ übersetzte Wort nicht etwa, wie in liturgischen Texten, der –

Begriff »Kollegialität« wird gebraucht, um die Beziehung zum Ausdruck zu bringen, welche die Bischöfe als Nachfolger der Apostel gemeinsam verbindet. Durch die Gnade des Heiligen Geistes lehrt, weiht und führt jeder Bischof in der Hirtenrolle.

Kirchen, die in eine Vereinbarung über volle sakramentale Gemeinschaft eintreten, erkennen an, dass zwischen ihnen eine Gleichheit besteht; an jedem Ort ist die Kirche jene Körperschaft, die alles für das Heil Notwendige bietet. Dort werden die heilbringenden Geheimnisse der Erlösung verkündet und gefeiert; dort wird das Wort (*Lógos*), Jesus Christus, in der Eucharistie wahrhaft gegenwärtig; dort wird der den Aposteln überantwortete Glaube weitergegeben. Also ist überall jene Kirche vor Ort wahrhaft die Kirche Christi, die in der Welt gegenwärtig ist; sie ist nicht einfach ein Teil oder Stück von etwas Größerem.

Jeder Bischof hat Anteil an der Sendung, die den Aposteln von unserem Herrn und Heiland Jesus Christus anvertraut worden ist. Dies ist wahrhaft ein gemeinsames Amt, denn die Sendung der Kirche wurde nicht einem einzelnen Apostel, sondern allen Aposteln anvertraut. Während der Ermahnungen der Liturgie des Karsamstages bekennt die Polnisch-katholische Nationalkirche:

> Wir sollen nicht einzeln, sondern vereint als e i n e Bruderschaft fragen – durch Seine Liebe zu einer Heiligen Kirche zusammengefügt, die ihre Sendung von Gott durch Jesus Christus erhielt, welcher den Aposteln befahl: »Wer euch hört, der hört Mich.« (Lk 10,16a) [...]

---

die Konnotation ›Gottesvolk‹ tragende – Begriff λαός. Vielmehr geht es Ignatius hier tatsächlich um eine numerisch verstandene Menge oder Fülle: πλῆθος, *multitudo*. Das κοινὴ-griechische Original samt einer alten lateinischen Übersetzung lautet: Ὅπου ἂν φανῇ ὁ ἐπίσκοπος ἐκεῖ τὸ πλῆθος ἔστω · ὥσπερ ὅπου ἂν ἦ Χριστὸς Ἰησοῦς, ἐκεῖ ἡ καθολικὴ Ἐκκλεσία. *Ubi utique apparet episcopus, illic multitudo sit, quemadmodum utique est Christus Jesus, illic catholica Ecclesia.* (PG 5,713B)

Da wir nun eine solche Zusicherung des Heilands selbst haben, dass Er bei allen Aposteln ist, wenn sie versammelt sind (nicht aber nur mit einem einzelnen Apostel), lasst uns unseren Glauben stärken, dass es Sein Wille ist, dass der Heilige Geist sich Seiner Kirche offenbart. Solche Offenbarung findet nicht statt in einer einzelnen Person, sondern in der Versammlung derer, welche die Kirche vertreten.[21]

Darum besteht dieselbe Beziehung, welche einst die Apostel miteinander verband, gleichermaßen heute zwischen den Bischöfen der Kirche. Jeder Bischof ist nicht nur Lehrer und Aufseher der Kirche, die seiner Fürsorge anvertraut ist, sondern er tritt in Verbindung mit seinen Brüdern im Bischofsamt, um Entscheidungen zu treffen und den Glauben an die ganze Kirche weiterzugeben.

---

[21]Holy Saturday Liturgy, Fourth Exhortation, Polish National Catholic Church Missal, 1990.

Orthodox-altkatholische Konsenstexte

Die kirchenamtliche Theologie der Union von Scranton wird zusammengefasst in den gemeinsamen Texten des orthodox-altkatholischen Dialogs von 1975–1987.[22] Die von der Gemischten Theologischen Kommission für den orthodox-altkatholischen Dialog erarbeiteten Texte wurden seitens der Polnisch-katholischen Nationalkirche Nordamerikas auf ihrer XVIII. Generalsynode (1.–5. Oktober 1990, Toronto, Ontario, Kanada) und seitens der Nordisch-katholischen Kirche auf der Generalsynode am 14. April 2007 ratifiziert.

Die Polnisch-katholische Nationalkirche Nordamerikas – von 1897[23]/1907[24] bis 2003 die größte Mitgliedskirche der Utrechter Union der altkatholischen Kirchen – wurde in diesem Dialog prominent vertreten: z.B. durch den Theologen *Wiktor Wysoczański* (3. Vollversammlung 1979 in Bonn; 4. Vollversammlung 1981 in Zagorsk[25] und Moskau) – seit 1995 Leitender Bischof der Polnisch-katholischen Kirche in der Republik Polen – sowie durch den damaligen Seniorpriester *Thaddeus Stanisław Peplowski* (6. Vollversammlung 1985 in Amersfoort). Letzterer war nicht nur langjähriger Bischof der Diözese Buffalo–Pittsburgh (1990–2012), sondern auch Bischof der Nordisch-katholischen Kirche (1999–2011), als diese noch eine Administratur der Polnisch-katholischen Nationalkirche Nordamerikas war.

---

[22]Vgl. Urs v. Arx (Hrsg.): *Koinonia auf altkirchlicher Basis =* IKZ 79 (1989) Beih. Nr. 4, 46–105, Anhänge: 106–114. Französische Übersetzung: 116–172; englische Übersetzung: 174–229.

[23]Konsekration von Bischof Antoni Stanisław Kozłowski durch Bischof Eduard Herzog, Erzbischof Gerardus Gul und Bischof Theodor Weber in Bern.

[24]Konsekration von Bischof Franciszek Hodur durch Erzbischof Gerardus Gul, Bischof Jacobus van Thiel und Bischof Nicolaus Spit in Utrecht.

[25]Heute wieder Sérgijew Possád, Oblast Moskau, Zentralrussland.

Der Dialog endet mit einem – wahrhaft historisch zu nennenden – wechselseitigen Versprechen:

> Folge und Ausdruck der gemeinsam erkannten Glaubensgemeinschaft ist die volle, liturgisch-kanonische Gemeinschaft der Kirchen, die Verwirklichung der organischen Einheit in dem einen Leib Christi. [...] Diese Gemeinschaft bedeutet keine Uniformität in der liturgischen Ordnung und in den kirchlichen Gebräuchen, sondern kommt darin zum Ausdruck, dass die beteiligten Kirchen die je geschichtlich gewordene legitime Entfaltung des einen Glaubens der alten und ungeteilten Kirche bewahren.[26]

Digitale Ausgabe der gemeinsamen Texte des orthodox-altkatholischen Dialogs: doi:10.5169/seals-404765

---

[26] *Koinonia auf altkirchlicher Basis*, VII/8 = IKZ 79 (1989) Beih. Nr. 4, 104f.

Anhang: Symbolum Athanasianum (Quicumque vult)

Das sogenannte Athanasische Glaubensbekenntnis wird zwar Athanasius dem Großen zugeschrieben, ist aber vermutlich in der Westkirche, vielleicht in Südgallien im 5. Jahrhundert, entstanden (DH 75–76 Einleitung). Man kennt es auch unter den Anfangsworten: ›Quicumque vult‹ – »Wer da will« (nämlich: »selig werden«). Es gehört nicht zu den Lehrtexten der gesamten Union von Scranton, wohl aber der Nordisch-katholischen Kirche.

Beim liturgischen Vortrag des Bekenntnisses, etwa am Sonntag Trinitatis oder auch an anderen der höchsten Feste, hängt man an das Bekenntnis das Gloria Patri an und kann es zudem mit einer Antiphon umrahmen.

Wer da selig werden will, * der muss vor allem den katholischen Glauben festhalten.

Wer diesen nicht in seinem ganzen Umfang und unverletzt bewahrt, * wird ohne Zweifel ewig verloren gehen.

Dies ist aber der katholische Glaube, * dass wir den e i n e n Gott in der Dreieinigkeit und die Dreieinigkeit in der Einheit anbeten,

ohne Vermengung der Personen * und ohne Trennung der Wesenheit.

Denn verschieden ist die Person des Vaters, die Person des Sohnes * und die Person des Heiligen Geistes.

Aber nur e i n e Gottheit ist im Vater und im Sohne und im Heiligen Geiste, * gleich ist ihre Herrlichkeit, gleich ewig ihre Majestät.

Wie der Vater, so der Sohn, * so der Heilige Geist.

Unerschaffen ist der Vater, unerschaffen der Sohn, * unerschaffen der Heilige Geist.

Unermesslich ist der Vater, unermesslich der Sohn, * unermesslich der Heilige Geist.

Ewig ist der Vater, ewig der Sohn, * ewig der Heilige Geist.

Und doch sind es nicht drei Ewige, * sondern ein Ewiger.

Wie auch nicht drei Unerschaffene und nicht drei Unermessliche, * sondern ein Unerschaffener und ein Unermesslicher.

In gleicher Weise ist allmächtig der Vater, allmächtig der Sohn, * allmächtig der Heilige Geist.

Und doch sind es nicht drei Allmächtige, * sondern ein Allmächtiger.

Ebenso ist der Vater Gott, der Sohn Gott, * der Heilige Geist Gott.

Und doch sind es nicht drei Götter, * sondern es ist ein Gott.

Ebenso ist der Vater Herr, der Sohn Herr, * der Heilige Geist Herr.

Und doch sind es nicht drei Herren, * sondern ein Herr.

Denn wie wir nach Vorschrift der christlichen Lehre jede Person einzeln für sich als Gott und Herrn bekennen, * so verbietet uns anderseits der katholische Glaube, drei Götter oder Herren anzunehmen.

Der Vater ist von niemand gemacht, * auch nicht geschaffen, auch nicht gezeugt.

Der Sohn ist vom Vater allein, * nicht gemacht, nicht geschaffen, sondern gezeugt.

Der Heilige Geist ist vom Vater und Sohn, * nicht gemacht, nicht geschaffen, nicht gezeugt, sondern ausgehend.[27]

---

[27]Mit die älteste Handschrift des Athanasianum, der sogenannte *Codex Bobbiensis* (Ambrosianus O 212 sup., fol. 14), fügt hier an: *Patri et Filio coaeternus est.* Dies zeigt, so wie auch der Kontext, dass hier bloß die Ungeschaffenheit des Heiligen Geistes sowie der Unterschied zwischen der Beziehung des Geistes zum Vater (Ausgehen) und jener des Sohnes zum Vaters (Gezeugtsein) gelehrt werden soll. Eine zweite Quelle der Gottheit im Sinne des Filioque wird hier nicht postuliert. Daher lässt sich diese Stelle des Athanasianum mit orthodoxer Trinitätslehre in Einklang bringen. Auch Johannes von Damaskus lehrt sowohl, dass der Heilige Geist »im Sohn ruht« als auch, dass er »durch ihn [den Sohn] vom Vater ausgeht« (*De fide orthodoxa*, I, 8.12 = PG 94, 821B.894B).

Es ist also ein Vater, nicht drei Väter; ein Sohn, nicht drei Söhne; * ein Heiliger Geist, nicht drei Heilige Geister.

Und in dieser Dreieinigkeit ist nichts früher oder später, nichts größer oder kleiner, * sondern alle drei Personen sind sich gleich ewig und vollkommen gleich.

So ist in allem, wie schon vorhin gesagt, * die Einheit in der Dreieinigkeit und die Dreieinigkeit in der Einheit anzubeten.

Wer daher selig werden will, * muss in dieser Weise an die heiligste Dreieinigkeit glauben.

ZUM ewigen Heil ist es weiterhin notwendig, * dass man auch an die Menschwerdung unseres Herrn Jesus Christus aufrichtig glaube.

Der wahre Glaube fordert also, dass wir glauben und bekennen: * dass Jesus Christus, der Sohn Gottes, Gott und Mensch zugleich ist.

Gott ist er, weil er aus der Wesenheit des Vaters von Ewigkeit her gezeugt ist, * und Mensch ist er, weil er aus dem Leib der Mutter in der Zeit geboren ist.

Vollkommener Gott und vollkommener Mensch, * der aus einer vernünftigen Seele und einem menschlichen Leibe besteht.

Er ist dem Vater gleich der Gottheit nach, * er ist geringer als der Vater der Menschheit nach.

Wiewohl er Gott und Mensch zugleich ist, * so sind doch nicht zwei, sondern nur ein Christus.

Einer aber, nicht als ob die Gottheit in Fleisch verwandelt wäre, * sondern weil Gott die Menschheit angenommen hat.

Einer ganz und gar, nicht durch Vermischung der Wesenheit, * sondern durch Einheit der Person.

Denn wie die vernünftige Seele und das Fleisch nur einen Menschen ausmachen, * so ist auch Gott und Mensch nur ein Christus.

Um unseres Heiles willen hat er gelitten, ist zur Hölle abgestiegen * und am dritten Tage wieder von den Toten auferstanden;

35

Er ist in den Himmel aufgefahren, sitzet zur rechten Hand Gottes, des allmächtigen Vaters, * von dort wird er kommen, zu richten die Lebendigen und die Toten.

Bei seiner Ankunft werden alle Menschen auferstehen mit ihren Leibern * und Rechenschaft ablegen über ihre eigenen Handlungen.

Und die, welche Gutes getan haben, werden hingehen zum ewigen Leben; * die aber Böses getan haben, werden eingehen ins ewige Feuer.

Das ist der katholische Glaube; * wer diesen nicht getreulich und fest glaubt, kann nicht selig werden.

Statuten der Union von Scranton

Kirchenunion in sakramentaler Gemeinschaft mit der Polnisch-katholischen Nationalkirche Nordamerikas

Inhaltsangabe

Die Statuten der Union von Scranton wurden von der XXIII. Generalsynode der Polnisch-katholischen Nationalkirche Nordamerikas (Oktober 2010, Niagara Falls, Kanada) ratifiziert. Sie orientieren sich – ebenso wie die hier vorliegende deutsche Übersetzung – in Aufbau und Inhalt am Utrechter Statut von 2001.[28] Letzteres war unter Beteiligung der Polnisch-katholische Nationalkirche Nordamerikas (PNCC) – und indirekt auch der Nordisch-katholischen Kirche, die durch Bischof Thaddeus Peplowski in der Internationalen Bischofskonferenz der Utrechter Union vertreten wurde – zustande gekommen. Ausgewählte termini technici aus der ursprünglichen deutschen Fassung des Utrechter Statuts werden in spitzen Klammern ⟨...⟩ zum Vergleich angegeben. Mitglieder der Union von Scranton sind derzeit die PNCC und die Nordisch-katholische Kirche – jeweils als autonome, wenngleich nicht autokephale, Teilkirchen der Union.

Stand der Übersetzung: Februar 2020.
Maßgeblich ist das englische Original.

---

[28] Vgl. IKZ 91 (2001) Beih. Nr. 4, 12–27 (deutsche Fassung) und 28–42 (englische Fassung des Statuts). Sowohl die deutsche als auch die englische Fassung gelten als authentisch, vgl. Urs von Arx: »Vorwort«, a. a. O., 11, Fn. 25.

A Präambel

1. Die Union von Scranton ist eine Gemeinschaft von Kirchen und der sie leitenden Bischöfe, die entschlossen sind, den katholischen Glauben, den Kultus und die wesentliche Struktur der Ungeteilten Kirche des ersten Jahrtausends zu bewahren und weiterzutragen. Die Union von Scranton hat ihren Ursprung in der Gründung und Entwicklung der Utrechter Union am 24. September 1889 in Utrecht in den Niederlanden. Damals wurde ein Entschluss von den in Utrecht versammelten Bischöfen in drei Texten gefasst und dokumentiert, die zusammen die »Utrechter Konvention« bilden: »Erklärung«, »Vereinbarung« und »Reglement« (Statut). Die volle kirchliche Gemeinschaft der Kirchen kam zum Ausdruck und wurde sichtbar in der Vereinigung der Bischöfe zu einer Bischofskonferenz, der später weitere Bischöfe beitraten. Da die Polnisch-katholische Nationalkirche Nordamerikas (PNCC) auch weiterhin an der Utrechter Erklärung als normativ bindendes Glaubensdokument festhält, ist die Union von Scranton ähnlich ausgestaltet.

2. Die Union von Scranton entstand, weil gewisse Mitgliedskirchen der Utrechter Union eigenmächtig begannen, – wider die Heilige Schrift und die heilige Überlieferung der Ungeteilten Kirche – Frauen zum Priesteramt zu ordinieren und gleichgeschlechtliche Verbindungen gottesdienstlich zu segnen. Seit dem 20. November 2003 steht die PNCC nicht mehr in Kirchengemeinschaft und auch nicht in sonstiger Verbindung mit den Kirchen der Utrechter Union.

3. Die Union von Scranton bekennt sich zum katholischen Glauben, wie er von den sieben Ökumenischen Synoden formuliert und in der gesamten Ungeteilten Kirche in Ost und West ausgesprochen wurde. Die Erklärung von Scranton bestätigt die Grundsätze der Utrechter Erklärung, die als Antwort auf die Beschlüsse des Ersten Vatikanischen Konzils gestaltet ist. Beide Erklärungen bejahen den historischen Vorrang des Bischofs von Rom als *primus inter pares*, lehnen aber die Papstdogmen des genannten Konzils und eine Anzahl anderer päpstlicher Verlautbarungen, die mit der Lehre der Alten Kirche im Widerspruch stehen, ab. Beide Erklärungen bekräftigen ihren Glauben an Wesen und Geheimnis der Eucharistie. Des Weiteren ist es die Pflicht der Union von Scranton, die Überwindung der Spaltungen der Kirche anzustreben, und auf der Grundlage des Glaubens der Ungeteilten Kirche Einheit und Gemeinschaft mit anderen Kirchen wiederherzustellen.

B Ekklesiologische Grundlagen

1. Wie in der Folge immer deutlicher erkannt und ausgesprochen wurde, implizieren die ursprüngliche Utrechter Union und die Utrechter Konvention eine bestimmte Ekklesiologie ⟨Sicht der Kirche⟩, welche auch weiterhin die Ekklesiologie der Union von Scranton ist. Sie setzt das Folgende voraus:

1. Jede Ortskirche ist eine kirchliche Gemeinschaft von Menschen, die durch die Versöhnung in Jesus Christus und durch die Sendung und das andauernde Werk des Heiligen Geistes in einem Ortskreis zur Einheit konstituiert ist. Jede Ortskirche schart sich um einen Bischof und hat in der Eucharistie ihre Mitte. Jede Ortskirche ist eine vollständige und ihre Aufgaben vor Ort eigenständig erfüllende Kirche. Jede Ortskirche ist eine Vergegenwärtigung der ›einen, heiligen, katholischen und apostolischen Kirche‹, von der das ökumenische Glaubenssymbol von Nizäa–Konstantinopel (381) spricht. Jede Ortskirche lebt im gemeinsamen Glauben und hat unabdingbare synodale, Geistliche und Laien miteinander verbindende Strukturen, die Gemeinschaft und Einheit zur Geltung bringen.

2. Jede Ortskirche ist »katholisch«, weil sie an der ganzen, Gott und Mensch, Himmel und Erde umfassenden Wirklichkeit des Heils und der Wahrheit teilhat und darin ihre Einheit findet. Die Katholizität einer jeden Ortskirche erweist sich in der Einheit und Gemeinschaft mit anderen Ortskirchen, in deren Glauben an das Heilswirken des dreieinen Gottes sie ihr eigenes Wesen erkennt. Auch die Einheit und Gemeinschaft von Ortskirchen in Zusammenschlüssen wie Nationalkirchen, Kirchenprovinzen oder Patriarchaten ist eine Vergegenwärtigung der ›einen, heiligen, katholischen

und apostolischen Kirche‹. Dies schließt aber nicht eine Art von Super-Bistum mit überregionaler oder gar universaler Ausdehnung[29] ein, sondern die Gemeinschaft von Bischöfen und synodalen Ortskirchen. In dieser Perspektive ist das Verhältnis zwischen der Eigenständigkeit der Ortskirche einerseits und ihrer Verpflichtung in Bezug auf ihre jeweilige Nationalkirche, Kirchenprovinz oder Patriarchat andererseits zu sehen.

3. Jede Ortskirche ist Leib Christi und ihre Glieder sind das Volk Gottes. In der Heilsgeschichte hat Gott die Erneuerung der Schöpfung durch Seine Verheißung an Abraham und dessen Nachkommen begonnen und diese Verheißung durch die Menschwerdung Jesu Christi erfüllt. In Christus und durch Seine Kirche hat Gott allen Völkern den Abraham verheißenen Segen erschlossen. Durch die Taufe werden sie ›ein auserwähltes Geschlecht, eine königliche Priesterschaft, eine heilige Volksgemeinschaft, ein zum Eigentum erkorenes Volk‹. (1 Petr 2,9) Ihre Glieder werden im Namen des dreieinigen Gottes getauft und gefirmt, und dadurch werden sie in Christus und durch die Eucharistie geeint. Zu einem gemeinschaftlichen Lebensvollzug in Zeugnis, Gottesdienst und Dienst am Nächsten ⟨martyria, leitourgia, diakonia⟩ werden sie von Christus berufen und bevollmächtigt und durch die verschiedenen Gaben des Heiligen Geistes geheiligt. Den Weg zum Heil haben all ihre Glieder in Umkehr und Hoffnung zu gehen.

---

[29]Dies ist, nur wenig zugespitzt, das neuere römisch-katholische Kirchenmodell seit dem Ersten Vatikanischen Konzil (1869/70), wo der Jurisdiktionsprimat des Papstes definiert wurde: die volle, unmittelbare, ordentliche Rechtsgewalt des Bischofs von Rom in der gesamten Kirche.

4. Im Anschluss an ihren apostolischen Ursprung ist die Apostolische Sukzession grundlegend für die Katholizität der Kirche. Die Apostolische Sukzession wird weitergegeben, wenn ein synodal gewählter Bischofskandidat durch Gebet, Salbung und Handauflegung von Bischöfen, die ihrerseits in der Apostolischen Sukzession stehen, gültig geweiht wird. Das gesamte kirchliche Handeln in Gegenwart und Zukunft, sei es in Wort und Sakrament, Lehre und Amt oder heiliger Überlieferung, leitet sich her von der Sendung der Apostel durch Jesus Christus, welche vom Heiligen Geist belebt und von ihnen sowie ihren bischöflichen Nachfolgern weitergegeben worden ist.

2. Den Bischöfen der Union von Scranton ist die Aufgabe übertragen, a) die Katholizität der Kirche in der Einheit des apostolischen Glaubens und der heiligen Überlieferung zu bewahren, b) bei sich aufdrängenden neuen Fragen Stellung zu nehmen und c) im Hinblick auf die Beziehungen mit anderen Kirchen Beschlüsse zu fassen.

1. Jeder Ortsbischof ist für seine Orts- bzw. Nationalkirche verantwortlich und hat zudem eine kollegiale Verantwortung für die Gemeinschaft mit Bischöfen der anderen Orts- und Nationalkirchen. Die Einheit und Gemeinschaft eigenständiger katholischer Kirchen – seien diese Einzelbistümer, Nationalkirchen, Kirchenprovinzen oder Patriarchate – wird in der Internationalen Katholischen Bischofskonferenz der Union von Scranton (ICBC) sichtbar.

2. Entscheidungen der ICBC werden in einem umfassenden konziliaren Prozess getroffen. Das Geschehen der Rezeption erfordert mithin die Partizipation und Mitverantwortung der Getauften (Geistliche und Laien) am genannten Prozess innerhalb einer jeden Orts- oder Nationalkirche (Synoden oder andere verantwortliche Organe). Mit Abschluss der Rezeption durch alle Mitgliedskirchen wird anerkannt, dass die getroffenen Entscheidungen vom Geist Gottes angestoßen sind und dem Willen Gottes für die Sendung Seiner Kirche entsprechen. Es ist aber als ein vom Geist Gottes geleitetes Geschehen nicht immer umfassend und abschließend rechtlich zu regeln.

3. Wird ein Mitglied der ICBC oder eine Mitgliedskirche der Union von Scranton von einer Kirche außerhalb der Union um kirchliche Gemeinschaft (d.h. Mitgliedschaft in der Union von Scranton) ersucht, muss das Gesuch der ICBC vorgelegt werden. Wird das Gesuch von der ICBC als begründet anerkannt, folgt ein Dialog mit der ICBC.

4. Zur Erfüllung gemeinsamer Aufgaben in Zeugnis, Gottesdienst und Dienst am Nächsten und zur Aufrechterhaltung ihrer Gemeinschaft geben sich die Bischöfe der Union von Scranton in Entsprechung zur oben aufgeführten Ekklesiologie die folgende Innere Ordnung (C) und anschließend die erforderliche Geschäftsordnung (D). Dabei setzen sie voraus, dass sowohl sie als auch alle Gläubigen sich von dem leiten lassen, was in den Worten des Cyprian von Karthago und des Ignatius von Antiochien zum Ausdruck kommt: »Nichts ohne den Rat [des Presbyteriums] und ohne die Zustimmung des Volkes entscheiden« (*Briefe* 14, 4)[30]; »nichts ohne den Bischof tun« (*An die Philadelphier* 7, 2)[31].

---

[30]PL 4, 234B (= Ep. v, 4); BKV², I. Reihe, Bd. 60, 53
[31]PG 5, 704A; BKV², I. Reihe, Bd. 35, 144

C Die Innere Ordnung

Artikel 1

Zur Internationalen Katholischen Bischofskonferenz (ICBC) der Union von Scranton gehören die Bischöfe, die

a) sich zusammen mit ihren Kirchen zur Erklärung von Scranton vom 28. April 2008 bekennen;

b) die Katholizität des Amtes, der Lehre und des Kultus in Apostolischer Sukzession bewahren;

c) mit ihren Kirchen zusammen in voller kirchlicher Gemeinschaft mit den anderen Kirchen der Union von Scranton stehen;

d) von den Mitgliedern der Union von Scranton als rechtmäßig [*licite*, Anm. d. Übers.] gewählt und als gültig geweiht anerkannt werden und das katholische Bischofsamt in ihrer Kirche ausüben;

e) anderen Kirchen gegenüber keine Verbindungen und Verpflichtungen haben, die im Gegensatz zur Erklärung von Scranton und zu vorliegenden Statuten stehen;

f) die ihre Funktion als ordentliche Bischöfe ausüben, also Bistümer leiten oder einer Kirche vorstehen.

Artikel 2

a) Die Bischöfe versammeln sich mindestens einmal jährlich als ICBC, um ihre Kollegialität zu bewahren.

b) Abschnitt D dieses Dokuments regelt die Geschäftsordnung der Bischofskonferenz.

c) Die ICBC beeinträchtigt die Jurisdiktion ihrer Mitglieder in deren Ortskirchen nicht.

Artikel 3

Die ICBC hat folgende Aufgaben:

a) sie fasst in allen die Aufrechterhaltung der Gemeinschaft betreffenden organisatorischen oder disziplinaren Angelegenheiten;

b) sie nimmt in strittigen Fragen des Glaubens, der Sitten und der kirchlichen Disziplin Stellung;

c) sie gibt, wenn dies geboten ist, im Namen der Union Glaubens- und Grundsatzerklärungen ab;

d) sie ordnet die Beziehungen zu anderen Kirchen und Religionsgemeinschaften;

e) sie entscheidet über die Aufnahme einer Kirche in die Union von Scranton;

f) sie löst etwaige Streitfragen um Jurisdiktion zwischen einer neu aufgenommen und einer bestehenden Mitgliedskirche bei;

g) sie entscheidet, abgesehen von dem in Art. 8 geordneten Verfahren, über die Aufnahme eines gültig und rechtmäßig konsekrierten Bischofs in die ICBC;

h) sie entscheidet, ob einem Bischof die Mitgliedschaft bei der ICBC aberkannt werden müsse, nachdem sie festgestellt hat, ob er

1. das Bekenntnis der Erklärung von Scranton gröblich verletzt oder ihm zuwidergehandelt hat;

2. die Katholizität des Amtes, der Lehre und des Kultus gröblich verletzt oder ihnen zuwidergehandelt hat;

3. die Statuten der Union von Scranton gröblich verletzt oder ihnen zuwidergehandelt hat;

4. sich ernstlich gegen die sittliche Ordnung vergangen hat;

i) sie übt über katholische Gemeinden und Gruppierungen, die in Ländern außerhalb der Ortskirche eines Mitglieds der ICBC bestehen oder in Bildung begriffen sind, Jurisdiktion aus, die sie durch einen oder mehrere Bischöfe vollziehen lässt.

Artikel 4

Jedes Mitglied der ICBC ist verpflichtet,

a) an den Sitzungen der ICBC teilzunehmen (ein Mitglied kann persönlich oder per Telefon- oder Videokonferenz an den Sitzungen teilnehmen);

b) frühzeitig und mit einer hinreichenden Erläuterung dem Exekutivausschuss Probleme, Einsichten und Entwicklungen, welche die Union von Scranton als solche betreffen könnten, zur Stellungnahme und Klarstellung seitens der ICBC vorzulegen;

c) über Fragen, die in der ICBC vor der Behandlung stehen, in seiner Kirche eine Meinungsbildung einzuleiten, damit er sich in der ICBC in Kenntnis der Überzeugung in seiner Kirche äußern kann;

d) Erklärungen und Stellungnahmen der ICBC in Fragen des Glaubens, der Sitten und der kirchlichen Disziplin in seiner Kirche unter Angabe der Begründung bekannt zu machen;

e) die Beschlüsse der ICBC gemäß den Vorgaben seiner Ortskirche umzusetzen;

f) die Beschlüsse der ICBC über Beziehungen zu anderen Kirchen und Religionsgemeinschaften in seiner Ortskirche umzusetzen.

Artikel 5

Regeln zu Rede- und Stimmrecht:

a) Ein Mitgliedsbischof der ICBC ist bei Entscheidungen im Sinn von Art. 3 lit. a bis h grundsätzlich zur Stimmabgabe verpflichtet. Ein Mitglied nimmt an der Abstimmung über eine Frage, die sein persönliches Verhalten betrifft, nicht teil.

b) Ein Mitgliedsbischof, der an einer Sitzung nicht teilnimmt, kann einen anderen Bischof (d.h. einen Auxiliar- oder Koadjutor-Bischof) der eigenen Kirche ermächtigen, für ihn zu sprechen, aber nicht die Stimme abzugeben.

c) Im Falle einer Sedisvakanz kann die betreffende Kirche den jeweiligen Bischof electus oder Bistumsverweser als Beobachter zur Sitzung der ICBC entsenden. Dieser hat dann während der Sitzung das Rederecht, aber keine Stimme.

d) Jedes Mitglied darf höchstens zwei Fachberater einer Sitzung der ICBC beiwohnen lassen; diese dürfen nach Ermessen des Mitgliedsbischofs das Rederecht erhalten, aber keine Stimme.

e) Stimmenthaltungen werden bei der Feststellung von Abstimmungsergebnissen nicht berücksichtigt.

Artikel 6

Damit die ICBC eine Entscheidungen zu einer Lehrfrage treffen kann, muss die Frage wie folgt behandelt werden:

a) Ein Mitgliedsbischof muss die Lehrfrage der ICBC schriftlich vorlegen.

b) Mindestens zwei weitere Mitgliedsbischöfe müssen zustimmen, dass die Lehrfrage für eine erste Lesung auf die Tagesordnung gesetzt wird,

c) Danach bestimmt die ICBC mit einfacher Mehrheit, ob die Lehrfrage den Mitgliedskirchen zur Untersuchung, Diskussion und Eingabe unterbreitet wird.

d) Jede Mitgliedskirche muss ihre Ergebnisse zur Lehrfrage bei der ICBC für deren zweite Lesung einreichen.

e) Darauf folgt eine Abstimmung über die Lehrfrage; für eine Beschlussfassung ist eine Mehrheit von vier Fünfteln (4/5) aller Mitglieder der ICBC, ob anwesend oder nicht, notwendig. Falls diese nicht zustande kommt, gilt die Lehrfrage als erledigt. Kommt aber diese Stimmenmehrheit zustande, findet in der nächsten Sitzung der ICBC eine abschließende Abstimmung statt. Enthaltungen zählen als Neinstimmen. Jede Äußerung, welche die ICBC nicht bis zur gesetzten Frist erreicht, gilt als Enthaltung.

f) Auf der nächsten Sitzung der ICBC folgt die abschließende Abstimmung; für eine Beschlussfassung ist eine Mehrheit von vier Fünfteln (4/5) aller Mitglieder der ICBC, ob anwesend oder nicht, notwendig. Enthaltungen zählen als Neinstimmen. Jede Äußerung, welche die ICBC nicht bis zur gesetzten Frist erreicht, gilt als Enthaltung.

g) Alle Mitgliedskirchen sind durch die Entscheidung der ICBC zur jeweiligen Lehrfrage gebunden.

h) Die Entscheidung tritt unmittelbar in Kraft und wird, ob positiv oder negativ, allen Mitgliedskirchen innerhalb einer von der ICBC gesetzten Frist mitgeteilt.

Artikel 7

Entscheidungen über die Aufnahme einer Kirche in die Union von Scranton (Art. 3 lit. e) werden einstimmig getroffen. Sofern im vorliegenden Dokument nichts anderes bestimmt ist, werden Entscheidungen in allen übrigen Fragen mit einfacher Mehrheit getroffen.

Artikel 8

Zur Wahl und Weihe von Bischöfen:

a) Die betreffende Kirche nimmt die Wahl in Kenntnis der folgenden, von der ICBC festgelegten, Weihehindernisse vor:

- eine den Anforderungen des bischöflichen Amtes nicht genügende theologische Ausbildung und seelsorgerliche Erfahrung;

- eine der Würde des bischöflichen Amtes nicht entsprechende Lebensführung.

b) Die verantwortliche Kirchenbehörde zeigt dem Präsidenten der ICBC an, dass der Bischofskandidat gemäß der Praxis der jeweiligen Kirche ordnungsgemäß gewählt wurde und dass keine Weihehindernisse vorgefunden wurden.

c) Der Präsident der ICBC informiert seinerseits die Mitglieder der ICBC über die erfolgte Wahl und fragt ab, ob Einwände gegen den Wahlvorgang oder die gewählte Person. bestehen.

d) Falls ein Mitglied der ICBC innerhalb von drei Wochen nach Bekanntgabe der Wahl durch den Präsidenten bei diesem schriftlich Einspruch gegen den Wahlvorgang oder die Person des zu weihenden Gewählten erhebt, wird die Frage auf einer Sondersitzung der ICBC behandelt. Der betreffenden Kirche wird die Gelegenheit zur Anhörung gegeben, und es wird mit einfacher Mehrheit über den Einspruch entschieden. Verweigert die ICBC den Vollzug der Weihe, kann diese nicht stattfinden.

e) Trifft drei Wochen nach Bekanntgabe der Wahl durch den Präsidenten der ICBC bei diesem kein Einspruch gegen den Wahlvorgang oder die Person des zu weihenden Gewählten ein, schickt der Präsident dem Weihekandidaten jeweils ein Exemplar der Erklärung von Scranton und der Statuten der Internationalen Katholischen Bischofskonferenz zu mit der Aufforderung, seine Zustimmung mit seiner Unterschrift unter beiden Dokumenten zu bekunden.

f) Sobald die unterschriebenen Exemplare der Erklärung von Scranton und der Statuten der Internationalen Katholischen Bischofskonferenz beim Präsidenten der ICBC eingetroffen sind, informiert dieser die Mitglieder der ICBC, dass die Weihe vollzogen werden kann; er teilt dies auch der verantwortlichen Behörde der betreffenden Kirche schriftlich mit.

g) Wenn ein Mitglied der ICBC eine von dieser verweigerte Weihe vollzieht oder an einer solchen mitwirkt, so ist seine Mitgliedschaft in der ICBC unmittelbar suspendiert bis zu einer endgültigen Entscheidung der ICBC auf ihrer nächsten Sitzung gemäß Art. 3 lit. h.

Artikel 9

Zur Weihe von Bischöfen:

a) Die Weihe des Bischof electus wird von Bischöfen der Union von Scranton vollzogen.

b) Alle Bischöfe der Union von Scranton müssen von der betreffenden Kirche zur Weihe eingeladen werden.

c) Im Anschluss an die katholische Praxis vollziehen drei Bischöfe den Weiheritus.

d) Andere anwesende Bischöfe der ICBC legen ebenfalls dem Kandidaten während der Weihe die Hände auf.

Artikel 10

a) Ein Bischof kann keine Amt, Lehre oder Kultus betreffenden Vereinbarungen mit Bischöfen, die nicht Mitglieder der ICBC sind, oder mit Nichtmitgliedskirchen treffen, ohne dass dies vorher von der ICBC beraten und gebilligt worden ist.

b) Ein Bischof darf keine Bischofsweihe für einen Bischof, dessen Kirche nicht Mitglied der Union von Scranton ist, erteilen oder an einer solchen durch Handauflegung teilnehmen.

Artikel 11

Die Bischöfe teilen einander die Kirchenverfassungen, ihre generellen Ordnungen, ihre offiziellen Gebet- und Gesangbücher, Rituale, Pontifikale, Katechismen, die jährlich erneuerten Verzeichnisse ihrer Geistlichen, die Protokolle ihrer Synode, Lehrtexte und dergleichen mit.

Artikel 12

Diakone und Priester, die sich von einem Bistum einer Mitgliedskirche in ein Bistum einer anderen Mitgliedskirche begeben, werden gewöhnlich zu geistlichen Amtshandlungen befristet zugelassen, sofern sie mit Empfehlungsschreiben ihres eigenen Bischofs versehen sind.

Artikel 13

a) Jeder Bischof darf nur solche Kandidaten zu Diakonen und Priestern weihen, die sich nach den Vorschriften seiner Kirche durch entsprechende Bildung, theologische Studien und Examina ausweisen können.

b) Ein Diakon oder Priester kann erst in den Klerus eines Bistums einer anderen Mitgliedskirche der Union von Scranton inkardiniert werden, wenn die kanonische Entlassung durch seinen bisherigen Bischof erfolgt ist.

c) Diakonats- und Priesteramtskandidaten aus anderen Mitgliedskirchen der Union von Scranton wird die Diakonats- oder Priesterweihe nur auf Verlangen und mit schriftlichem Einverständnis des Bischofs seines Bistums erteilt.

d) Jeder Bischof darf einen Diakon oder Priester aus einer Nichtmitgliedskirche aufnehmen, der die Qualifikationen und Anforderungen an aufzunehmende Kleriker in der Kirche des aufnehmenden Bischofs erfüllt. Diese beinhalten unter anderem abgeschlossene Studien der Theologie, geistliche Disziplin sowie die Vorlage gültiger Weiheurkunden.

D Die Geschäftsordnung

Artikel 1

a) Die Internationale Katholische Bischofskonferenz (ICBC) trifft ihre Entscheidungen in Vollsitzungen. Zur Erfüllung ihrer übrigen Aufgaben sowie zur Vorbereitung ihrer Entscheidungen kann sie sich ihrer Organe oder durch Beschluss eingesetzter besonderer Kommissionen bedienen.

b) Organe sind der Präsident, der Vizepräsident, der Sekretär und der Schatzmeister ⟨Quästor⟩, die zusammen den Exekutivausschuss ⟨das Büro⟩ der ICBC bilden.

c) Präsident der ICBC ist der Leitende Bischof *(Prime Bishop)* der PNCC.

d) Die ICBC wählt Vizepräsident, Sekretär und Schatzmeister aus ihren Mitgliedern auf eine Amtsdauer von vier Jahren.

Artikel 2

a) Die ICBC tritt mindestens einmal jährlich zu einer Vollsitzung zusammen.

b) Darüber hinaus beruft der Exekutivausschuss zu weiteren Vollsitzungen ein, wenn dies mindestens zwei Mitglieder der ICBC (aus verschiedenen Mitgliedskirchen) schriftlich unter Angabe der Gründe verlangen.

c) Das Protokoll der Vollsitzungen führt der Sekretär. Das Protokoll ist innerhalb dreier Monate nach Ende der Sitzung an alle Mitglieder zu versenden.

d) Amtssprache der ICBC ist das Englische.

e) Jedes Mitglied der ICBC ist berechtigt, zu den Vollsitzungen oder Sitzungen besonderer Kommissionen höchstens zwei Personen als Fachberater oder Übersetzer auf eigene Kosten hinzuzuziehen. Darüber hinaus kann die ICBC Fachberater und Übersetzer auf ihre Kosten hinzuziehen, falls dies für notwendig erachtet wird.

Artikel 3

a) Der Exekutivausschuss erledigt die Organisations- und Verwaltungsarbeit der ICBC und bereitet die Sitzungen der Konferenz und ihrer Kommissionen vor.

b) Der Exekutivausschuss führt eine offizielle Liste der Bischöfe, die der Union von Scranton angehören, und eine Liste der Gemeinden unter ihrer Jurisdiktion.

c) Der Exekutivausschuss führt ebenfalls eine Liste derjenigen Kirchen, denen bei Vakanz und Neubesetzung eines bischöflichen Stuhles der Union von Scranton Anzeige gemacht werden soll.

Artikel 4

Der Exekutivausschuss der ICBC bestimmt, wenn möglich nach Anhören der Mitglieder, Ort und Zeit der Versammlung. Die Einladungen erlässt der Sekretär unter gleichzeitiger Angabe der Tagungsordnung sowie unter Beifügung der etwa erforderlichen Unterlagen. Einzuladen sind alle Mitglieder mit einer Frist von vier Monaten. Im Falle der Sedisvakanz ist die Einladung der zuständigen kirchlichen Stelle zuzusenden. In Dringlichkeitsfällen kann der Exekutivausschuss von der Einhaltung der viermonatigen Einladungsfrist absehen.

Artikel 5

a) Die Verhandlungen der ICBC, des Exekutivausschusses und ihrer Kommissionen sind vertraulich, sofern nichts anderes vereinbart wurde.

b) Wenn die ICBC Eingaben der Mitgliedskirchen zu einer Frage wünscht, werden Informationen zur jeweiligen Frage samt allem, was zur Entscheidungsfindung beiträgt, an alle Mitgliedskirchen weitergeleitet.

c) Entscheidungen der ICBC werden zusammen mit der jeweiligen Begründung den Mitgliedskirchen zugeleitet.

Artikel 6

a) Falls außergewöhnliche Umstände dies nahelegen, kann die ICBC eine besondere Kommission berufen, die sich der jeweiligen Frage annehmen soll.

b) Die Sonderkommission erfüllt die ihr von der ICBC zugewiesene Aufgabe und gibt hierüber nur der ICBC Rechenschaft.

Artikel 7

Jede Mitgliedskirche der Union von Scranton zahlt einen jährlichen Beitrag zur Deckung der laufenden Ausgaben der ICBC. Der Schatzmeister arbeitet einen Voranschlag aus, der die Kosten der Vollsitzungen, des Exekutivausschuss, der besonderen Kommissionen, der von der ICBC hinzuzuziehenden Fachberater, Sachverständigen und Übersetzer sowie die sich aus Aufträgen der ICBC ergebenden Reisekosten umfasst und einen Reservefonds für unvorhergesehene Ausgaben aufweist. Die Höhe des von einer Mitgliedskirche zu zahlenden Beitrages setzt die ICBC auf der Basis der Anzahl der Bistümer und unter angemessener Berücksichtigung der finanziellen Leistungsfähigkeit der betreffenden Kirche so fest, dass die im Voranschlag enthaltenen Ausgaben gedeckt werden können.

E Abschließende Bestimmungen

Abschnitt C, Art. 6 und etwaige andere Artikel, die auf diesem Artikel beruhen, sind von Änderungen ausgenommen; davon abgesehen können die Statuten wie folgt geändert werden:

a) Ein Antrag auf Änderung der Statuten muss dem Präsidenten der ICBC mindestens sechs (6) Monate vor Beginn der Sitzung der ICBC schriftlich vorgelegt werden.

b) Der Sekretär sendet den Antrag an jedes Mitglied der ICBC mindestens sechzig (60) Tage vor Beginn der Sitzung der ICBC.

c) In der Sitzung folgt eine Abstimmung über den Antrag; für eine Annahme des Antrags ist eine Mehrheit von vier Fünfteln (4/5) aller Mitglieder der ICBC, ob anwesend oder nicht, notwendig. Falls diese nicht zustande kommt, gilt der Antrag als abgelehnt. Kommt aber diese Stimmenmehrheit zustande, findet in der nächsten Sitzung der ICBC eine abschließende Abstimmung statt. Enthaltungen zählen als Neinstimmen. Jede Äußerung, welche die ICBC nicht bis zur gesetzten Frist erreicht, gilt als Enthaltung.

d) Auf der nächsten Sitzung der ICBC folgt die abschließende Abstimmung; für eine Annahme des Antrags ist eine Mehrheit von vier Fünfteln (4/5) aller Mitglieder der ICBC, ob anwesend oder nicht, notwendig. Enthaltungen zählen als Neinstimmen. Wird der Antrag angenommen, tritt die Änderung der Statuten unmittelbar in Kraft. Kommt die notwendige Stimmenmehrheit nicht zustande, ist der Antrag abgelehnt.

Anhang: Kanonischer Status der Nordisch-katholischen Kirche und ihrer deutschen Administratur

Auszugsweise deutsche Übersetzung aus einem Brief des Primas der Union von Scranton, Erzbischof Dr. Anthony A. Mikovsky, vom 20. März 2019 an den damaligen Vorsitzenden der Deutschen Bischofskonferenz, S. Em. Erzbischof Dr. Reinhard Kardinal Marx:

Die Union von Scranton definiert sich als »Kirchenunion in sakramentaler Gemeinschaft mit der Polnisch-katholischen Nationalkirche« (Statuten der Union von Scranton, Überschrift). Grundlage dieser vollen, sakramentalen und kanonischen Kirchengemeinschaft ist die Übereinstimmung in der katholischen Lehre und Liturgie (Statuten, C, Art. 1 a, b), die wechselseitige Anerkennung der Ämter in apostolischer Sukzession (Statuten, C, Art. 1 b, d) und die eucharistische Gemeinschaft (Statuten, C, Art. 1 c). In ihrer inneren Ordnung ähnelt die Union von Scranton jenen orthodoxen Patriarchaten, die autonome Teilkirchen besitzen; das Wirken der autonomen Teilkirchen wird durch die Statuten der Union von Scranton reguliert.

Das höchste Organ der Union ist die Bischofssynode, die als Internationale Katholische Bischofskonferenz (ICBC) der Union von Scranton bekannt ist. Ich übe das Amt des Erzbischofs der Union von Scranton und des Vorsitzenden ihrer Bischofskonferenz aus, da dieses Amt verfassungsgemäß dem Leitenden Bischof der Mutterkirche der Union, also dem Prime Bishop der Polnisch-katholischen Nationalkirche, zukommt (Statuten, D, Art. 1 c); die übrigen Mitglieder der Bischofskonferenz sind die Diözesanbischöfe der Mitgliedskirchen der Union von Scranton (Statuten, C, Art. 1 f).

Jede Mitgliedskirche der Union von Scranton – derzeit sind dies die Polnisch-katholischen Nationalkirche (*Polish National Catholic Church*, PNCC) und die Nordisch-katholische Kirche – genießt einen gewissen Grad an Autonomie. Zum Beispiel ist es der Nordisch-katholischen Kirche gestattet, – sofern sie nicht von der offiziellen Theologie der Union (vor allem die Erklärung von Scranton und das orthodox-altkatholische Konsensdokument *Koinonia auf altkirchlicher Basis* = IKZ 79 (1989) Beih. Nr. 4) abweicht – ein eigenes Kirchenrecht, eine eigene Liturgie und eigene Katechismen zu haben. Gleichwohl ist sie verpflichtet, ihr Kirchenrecht samt allen liturgischen und katechetischen Büchern sowie auch alle anderen offiziellen Dokumenten mit den Bischöfen der PNCC zu teilen (wie auch umgekehrt, Statuten, C, Art. 11).

Zwischen den Mitgliedern der Bischofskonferenz der Union von Scranton besteht ein hohes Maß an wechselseitiger Abhängigkeit: So kann beispielsweise kein Bischof der Union ohne Zustimmung der Bischofskonferenz an einer Bischofsweihe teilnehmen (Statuten, C, Art. 8 d, 10 b); darüber hinaus kann einem Bischof durch einen Mehrheitsbeschluss die Mitgliedschaft in der Bischofskonferenz (und damit der Union von Scranton) entzogen werden, wenn er gegen den synodalen Konsens handelt oder lehrt (Statuten, C, Art. 3 h). Gegenwärtig bilden die Bischöfe der PNCC die deutliche Mehrheit der Bischofskonferenz der Union von Scranton, da nur der nordisch-katholische Bischof Dr. Roald Nikolai Flemestad nicht der PNCC angehört. Bischof Roald Flemestad wurde 2011 von der PNCC für den Dienst in der Nordisch-katholischen Kirche und als Missionsbischof für Europa konsekriert.

Dementsprechend wird die Katholizität und Orthodoxie der Nordisch-katholischen Kirche durch jene der PNCC garantiert. Die deutsche Administratur der Nordisch-katholischen Kirche, die der bischöflichen Leitung von Bischof Roald Flemestad untersteht, gehört zur kanonischen Jurisdiktion der Union von Scranton. Sie ist der dortige kanonische Vertreter der Union von Scranton und damit ihrer Mutterkirche, der PNCC. Es ist die Union von Scranton, ebenso wie ihre Gliedkirchen PNCC und Nordisch-katholische Kirche, die nach der Spaltung der Utrechter Union im Jahre 2003 weiterhin das altkatholische Erbe bewahrt.

Nordisch-katholisches Kirchenrecht

Verfassung und Statuten der Nordisch-katholischen Kirche und ihrer Pfarrgemeinden

Inhaltsangabe

Das vorliegende Kirchenrecht wurde dem Synodalrat der Kirche auf seiner Sitzung am 29. September 2001 von Bischof Thaddeus Peplowski gegeben und von der ersten Generalsynode am 8. August 2003 in Oslo ratifiziert.

Stand der Übersetzung: Februar 2020.
Maßgeblich ist das englische Original.

A Kanones zur Ordnung des gemeinsamen Lebens der Kirche und ihrer Organe

§ 1 Der Bischof

1. Der Bischof ist als Nachfolger der Apostel und Zeichen der Einheit das Oberhaupt der Kirche.

2. Dem Bischof ist aufgrund seiner kanonischen Weihe die Verantwortung für die apostolische Tradition, den Gottesdienst und die Katechese der Kirche anvertraut.

3. Die letzte Zuständigkeit in Fragen des Glaubens, der Sitten und der kirchlichen Disziplin liegt beim Bischof und den mit ihm vereinten Geistlichen.

4. Der Bischof nimmt Berufungen, Weihen und Amtseinführungen von Priestern und Diakonen vor. Der Bischof hört den betroffenen Kirchenvorstand vor der Ernennung von Geistlichen.

5. Der Bischof kann Laien und Geistliche in einem geregelten Verfahren aufgrund von Verfehlungen in Fragen der Lehre, der Sitten oder der kirchlichen Disziplin suspendieren.

6. Der Bischof kann in Folge von offensichtlichen Irrlehren oder einer Lebensführung in offenem Widerspruch zur Würde seines Amtes suspendiert und schließlich von seinen Pflichten entbunden werden.

7. Der Bischof ernennt den Generalvikar, dem er Aufgaben übertragen kann und dem in der Abwesenheit des Bischofs die Verwaltung der Kirche obliegt.

8. Ist der Bischof in seiner Amtsführung durch schwere, anhaltende Krankheit behindert, kann er in einem geregelten Verfahren von seinen Amtspflichten entbunden werden.

9. Dem Bischof obliegt aufgrund seines Amtes auch die Verwaltungsleitung und die Verantwortung für die Finanzen der Kirche. Der Bischof ernennt den Diözesansekretär (Archidiakon), der als sein Stellvertreter in Verwaltungs- und finanziellen Fragen nach den Regeln der guten Haushaltsführung handelt.

10. Die Außenvertretung der Kirche, sowohl gegenüber der weltlichen als auch gegenüber der kirchlichen Obrigkeit, obliegt dem Bischof.

§ 2 Mitgliedschaft in der Kirche

1. Die Mitgliedschaft in der Nordisch-katholischen Kirche wird durch Taufe, Firmung und eucharistische Gemeinschaft mit dem Bischof erworben.

2. Gibt es in einem geographischen Gebiet neun gefirmte Mitglieder, die dort ihren Lebensmittelpunkt und das 18. Lebensjahr vollendet haben, können diese die Errichtung einer Mission beantragen. Wenn alle betroffenen Mitglieder hierzu Stellung genommen haben, entscheidet der Synodalrat, ob die Mission als Person des Kirchenrechts errichtet werden soll; in diesem Fall beginnt er sogleich die Vorbereitung der Wahlen zum Kirchenvorstand der neuen Mission. Alle Mitglieder der zu errichtenden Mission können einen Namen für die Mission vorschlagen; der Name der Mission muss vom Bischof genehmigt werden.

3. Zählt eine Mission 20 gefirmte Mitglieder, die das 18. Lebensjahr vollendet haben, kann sie beim Synodalrat die Umwandlung in eine Pfarrgemeinde beantragen.

§ 3 Die Geistlichen

1. Voraussetzung für die Bekleidung eines geistlichen Amts als Bischof, Priester oder Diakon in der Nordisch-katholischen Kirche ist die jeweilige Weihe in kanonisch anerkannter apostolischer Sukzession.

2. Die Inhaber eines geistlichen Amts sollen die apostolische Tradition bewahren und weitergeben und als Vorbilder für die Gläubigen leben.

3. Priester und Diakone sind zur Teilnahme an den Pastoralkonferenzen verpflichtet.

4. Der Pfarrer einer Pfarrgemeinde trägt in seiner Eigenschaft als Vorsteher der geistlichen Diensts in der Gemeinde die Verantwortung für das geistliche Leben der Pfarrgemeinde.

§ 4 Der Synodalrat

1. Der Synodalrat berät den Bischof in allen Angelegenheiten, die für die Pfarrgemeinden und Missionen der Kirche von gemeinsamem Interesse sind oder die ihm vom Bischof zugewiesen wurden.

2. Der Bischof ist von Amts wegen Vorsitzender des Synodalrates. Der Synodalrat setzt sich aus Vertretern der Laien und der Geistlichen zusammen.

3. Die Amtszeit der gewählten Mitglieder des Synodalrats beträgt vier Jahre. Die Wiederwahl für eine unmittelbar anschließende Amtszeit ist möglich.

4. Der Generalvikar genießt Rede- und Antragsrecht im Synodalrat.

5. Der Diözesansekretär (Archidiakon) ist Schriftführer des Synodalrates mit Rede- und Antragsrecht.

6. Der Synodalrat kann Ausschüsse mit vorgegebenem Aufgabenbereich ernennen. Die Ausschussmitglieder werden mit Zustimmung des Bischofs ernannt.

7. Die Geistlichen wählen ihre Vertreter zum Synodalrat.

8. Die Laienvertreter der Generalsynode bestimmen aus ihrer Mitte drei Mitglieder, die den Nominierungsausschuss für die Wahl der Laienvertreter zum Synodalrat bilden. Nominierungen aus der Mitte der Synode müssen von drei Laienmitgliedern (Delegierten) unterstützt werden.

§ 5 Die Generalsynode

1. Der Bischof beruft die Synode ein und ist von Amts wegen Präsident der Synode. In der Abwesenheit des Bischofs bekleidet der Generalvikar diese Funktion.

2. Die Generalsynode erörtert die vom Bischof vorgelegten Tätigkeitsberichte und gibt Empfehlungen zu den vom Bischof oder dem Synodalrat vorgelegten Fragen ab.

3. Die Kirche hat den Glauben, die Kirchenverfassung und die Morallehre empfangen, und die Synode ist nicht befugt, hieran Änderungen vorzunehmen.

4. Die Synode wird in der Regel in jedem zweiten Kalenderjahr einberufen und findet stets im Zusammenhang mit der Wahl der Vertreter zum Synodalrat statt.

5. Jede Pfarrgemeinde entsendet den Schriftführer des Kirchenvorstands oder ein anderes Mitglied des Kirchenvorstands, einen von der Pfarrversammlung der Pfarrgemeinde gewählten Laienvertreter und den Pfarrer als stimmberechtigte Mitglieder zur Generalsynode.

6. Der Generalvikar, der Diözesansekretär (Archidiakon) und der Präsident der Pastoralkonferenz nehmen mit Stimmrecht an der Synode teil.

7. Die gewählten Mitglieder des Synodalrats nehmen an der Synode mit Stimmrecht teil.

8. Der Bischof ernennt zwei Moderatoren, einen Laien und einen Geistlichen, und die Synode bestimmt zwei Mitglieder, die für die Richtigkeit das Synodenprotokoll unterzeichnen.

§ 6 Bestimmungen für die Errichtung einer Diözese und die Wahl eines Bischofs

1. Der Synodalrat entscheidet über die Errichtung einer neuen Diözese im Einvernehmen mit der Generalsynode.

2. Vor der Wahl eines Bischofs entscheidet der Synodalrat über die Anzahl der zu nominierenden Kandidaten.

3. Die Entscheidung des Synodalrates wird der Pastoralkonferenz mitgeteilt, welche ihrerseits die vorgeschriebene Anzahl von Kandidaten nominiert.

4. Die Entscheidung des Pastoralkonferenz wird der Generalsynode vorgelegt, die einen der nominierten Kandidaten für die Weihe empfiehlt.

5. Der Hauptkonsekrator genehmigt die Empfehlung oder fordert die Generalsynode auf, einen neuen Kandidaten zu benennen.

§ 7 Auflösung der Kirche

1. Im Einklang mit dem allgemeinen Zweck der Nordisch-katholische Kirche gemäß Kanon B § 1.1 sollen bei Auflösung der Nordisch-katholischen Kirche alle Vermögenswerte und Gelder, die sich im Besitz der Kirche befinden oder von anderen treuhänderisch für die Kirche verwaltet werden, für kirchliche Zwecke auf der Grundlage des katholischen und orthodoxen Glaubens der ungeteilten Kirche verwendet werden.

B Statuten für Pfarrgemeinden der Nordisch-katholischen Kirche

§ 1 Allgemeiner Zweck

1. Die Pfarrgemeinden der Nordisch-katholischen Kirche sind gottesdienstliche Gemeinschaften auf der Grundlage des katholischen und orthodoxen Glaubens der ungeteilten Kirche.

2. Jede Pfarrgemeinde der Nordisch-katholischen Kirche hat den Zweck, durch Gottesdienst und Lehre den Glauben ihrer Mitglieder zu nähren und zu stärken und sie in eine sakramentale Gemeinschaft einzugliedern, die sich der Mission und der Diakonie widmet.

3. Der Bischof der jeweiligen Diözese führt die Aufsicht über die Tätigkeit der Pfarrgemeinden.

4. Jede Pfarrgemeinde kann Eigentum erwerben und besitzen, wie es für ihre Tätigkeit benötigt wird.

5. In so weit dies dem Erreichen ihrer Ziele dienlich ist, kann jede Pfarrgemeinde Mitarbeiter beschäftigen und vergüten.

6. Bei Auflösung der Pfarrgemeinde fallen alle Vermögenswerte, die sich im Besitz der Pfarrgemeinde befinden oder von Dritten treuhänderisch für die Pfarrgemeinde verwaltet werden, an die Nordisch-katholische Kirche.

§ 2 Mitgliedschaft in einer Pfarrgemeinde

1. Alle Mitglieder einer Pfarrgemeinde müssen im Namen des dreieinigen Gottes getauft sein.

2. Für alle Mitglieder einer Pfarrgemeinde gilt die apostolische Tradition als Lebensregel in Fragen der Lehre und der Sitten.

3. Alle gefirmten und eucharistisch kommunizierenden Mitglieder der Pfarrgemeinde, die das 18. Lebensjahr vollendet haben, sind auf der Pfarrversammlung stimmberechtigt.

4. Mitgliedern der Nordisch-katholischen Kirche, an deren Wohnsitz keine Pfarrgemeinde der Nordisch-katholischen Kirche besteht, kann der Synodalrat eine Pfarrgemeinde zuweisen.

§ 3 Der Kirchenvorstand

1. Der Kirchenvorstand unterstützt den Pfarrer und den Bischof bei der Verwirklichung der in § 1.1 und 1.2 genannten Ziele.

2. Der Kirchenvorstand ist für die Finanzen der Gemeinde verantwortlich und verwaltet den Besitz der Pfarrgemeinde in Übereinstimmung mit ihrem allgemeinen Zweck.

3. Dem Kirchenvorstand obliegt die Umsetzung der Beschlüsse der Pfarrversammlung und der Generalsynode, so weit sie seinen Verantwortungsbereich betreffen.

4. Der Pfarrer ist von Amts wegen Vorsitzender des Kirchenvorstands. Die Anzahl der Mitglieder und stellvertretenden Mitglieder des Kirchenvorstands wird von der Pfarrversammlung beschlossen. Der Kirchenvorstand wählt einen Schriftführer und einen Schatzmeister auf seiner ersten Sitzung nach der Pfarrversammlung.

5. Der Kirchenvorstand verwahrt alle Urkunden der Pfarrgemeinde, insbesondere etwaige Kaufurkunden oder Vermögenstitel, die Satzung und die Gründungsurkunde, sowie weitere bedeutsame Unterlagen der Pfarrgemeinde in einem Bankschließfach.

6. Der Jahresbericht wird dem Bischof vorgelegt.

7. Der Kirchenvorstand kann vor der Ernennung von Geistlichen in der jeweiligen Pfarrgemeinde Stellung beziehen.

8. Der Kirchenvorstand führt das Verzeichnis der stimmberechtigten Mitglieder der Pfarrgemeinde.

§ 4 Die Pfarrversammlung

1. Der Kirchenvorstand beruft die Pfarrversammlung mit einer Frist von drei Wochen unter Bekanntgabe der Tagesordnung ein. Die Pfarrversammlung findet jedes Jahr und in der Regel nicht später als am 15. März statt.

2. Der Pfarrer der Pfarrgemeinde ist von Amts wegen der Versammlungsleiter der Pfarrversammlung, und der Schriftführer des Kirchenvorstands ist der Protokollant der Versammlung. Die Versammlung bestimmt zwei Mitglieder, die für die Richtigkeit das Protokoll unterzeichnen.

3. Auf der Grundlage von Berichten des Pfarrers, des Kirchenvorstands und des Schatzmeisters erörtert die Versammlung die Tätigkeit der Pfarrgemeinde seit der letzten Pfarrversammlung. Die Mitglieder sollten die Berichte spätestens eine Woche vor der Versammlung erhalten.

4. Die Pfarrversammlung erörtert die Vorhaben der Pfarrgemeinde für das kommende Jahr und beschließt den Haushaltsplan.

5. Die Pfarrversammlung kann Beschlüsse zu allen Fragen fassen, die ihr vom Kirchenvorstand, vom Pfarrer oder vom Bischof vorgelegt worden sind oder die ihr eine Woche vor der Versammlung von mindestens drei Mitgliedern der Gemeinde schriftlich unterbreitet wurden.

6. Die Pfarrversammlung wählt den Kirchenvorstand aus dem Kreis der stimmberechtigten Mitglieder der Pfarrgemeinde, die vom bestehenden Kirchenvorstand oder von mindestens drei Mitgliedern der Gemeinde nominiert worden sind und deren Kandidatur vom Bischof genehmigt wurde.

7. Die Pfarrversammlung wählt einen Kassenprüfer und andere Funktionsträger auf Anraten des Kirchenvorstands oder des Pfarrers.

8. Eine außerordentliche Mitgliederversammlung kann mit einer Frist von mindestens zehn Tagen einberufen werden, wenn der Kirchenvorstand, der Pfarrer oder ein Drittel der stimmberechtigten Mitglieder dies beantragt.

§ 5 Beauftragung von Laien zu kirchlichen Diensten

1. Je nach Bedarf und Mitteln können Laien für kirchliche Dienste beauftragt werden.

§ 6 Außenvertretung

1. Als Vorsteher des Gemeindelebens vertritt der Pfarrer die Gemeinde nach außen gegenüber der kirchlichen und der weltlichen Obrigkeit.

2. Der Pfarrer, ein Mitglied des Kirchenvorstands und ein Laienvertreter, der auf der Pfarrversammlung gewählt wird, vertreten die Gemeinde in der Generalsynode.

Anhang I: Hinweise zur Anwendung auf die deutsche Administratur der Nordisch-katholischen Kirche

Auszüge aus der bischöflichen Verordnung vom 28. Juni 2018, Ziff. 1, und der Rundverfügung vom 21. Juli 2019, Ziff. 1–3.

Die deutsche Administratur der Nordisch-katholischen Kirche bleibt Administratur bischöflichen Rechts in analoger Anwendung der Verfassung und Statuten der Nordisch-katholischen Kirche vom 8. August 2003.

Die deutsche Administratur der Nordisch-katholischen Kirche ist als eine Missionsgemeinde organisiert; Patronin ist die heilige Maria Magdalena. Die Kurzbezeichnung lautet: Nordisch-katholische Mission in Deutschland.

Die Missionsgemeinde ist eine Missionspfarrei der Union von Scranton im Sinne von deren Statuten (Abschnitt C, Art. 3 i) unter der bischöflichen Aufsicht von Bischof Dr. Roald Nikolai Flemestad als Delegat der Internationalen Katholischen Bischofskonferenz (ICBC).

Für die als Missionsgemeinde verfasste deutsche Administratur gelten, neben §§ 1 und 3 der Kirchenverfassung, die Statuten für Pfarrgemeinden der Kirche, ausgenommen § 6 Abs. 2 dieser Statuten.

Anhang II: Zivilrechtlicher Status der deutschen Administratur

In Norwegen genießt die Nordisch-katholische Kirche in etwa den Status einer Körperschaft des öffentlichen Rechts. Die Nordisch-katholische Mission in Deutschland hingegen wird in allen weltlichen Angelegenheiten durch eine zivilrechtliche Körperschaft als Förderwerk vertreten: das Martinuswerk e. V. (Vereinsregistereintrag VR 1850 beim Amtsgericht Arnsberg; als gemeinnützig anerkannt durch das Finanzamt Lippstadt).

Aus der Satzung des Martinuswerks vom 31. Dezember 2018:

> »3.2 Aufgabe des Vereins ist die Verwaltung sowie die Förderung kirchlicher Angebote der Union von Scranton in Deutschland. Der Vereinszweck wird insbesondere verwirklicht
>
> (a) durch Einrichtung und Unterhalt von sakralen und gemeinschaftlichen Räumlichkeiten,
>
> (b) durch caritative, seelsorgliche und liturgische Dienste sowie
>
> (c) durch religiöse Bildungsangebote.   [...]
>
> 12.3. In den Vorstand können nur Personen gewählt werden, die einer Mitgliedskirche der altkatholischen Union von Scranton angehören. Der Vereinsvorsitzende muss Volltheologe sein und ein geistliches Leitungsamt in der Union von Scranton bekleiden.

Das Martinuswerk wurde am 16. August 2019 von Bischof Dr. Roald Nikolai Flemestad als bischöfliche Institution der Union von Scranton anerkannt. Aufgrund der Rundverfügung vom 21. Juli 2019 bildet der Vorstand des Martinuswerks gemeinsam mit dem für Deutschland zuständigen Bischofsvikar bis auf Weiteres (Stand Juli 2020) den kommissarischen Kirchenvorstand der Nordisch-katholischen Mission in Deutschland.

Eucharistiegebete der Union von Scranton

Inhaltsangabe

Es folgen die beiden gebräuchlichsten Eucharistiegebete der Union von Scranton, vielerorts sind auch weitere zugelassen.

Nach der Liturgie der Katechumenen (Eröffnungsriten und Wort-Gottesdienst) beginnt die Liturgie der Gläubigen mit Friedensgruß, Fürbitten und Darbringung der Gaben. Darauf werden die Präfation und das Sanctus (mit Benedictus) gesungen. Daran schließt sich das Eucharistiegebet an – gewöhnlich ist dies der römische Messkanon.

Römischer Kanon

Der Priester verneigt sich tief vor dem Altar und spricht, die Hände gefaltet:

DICH, gütigster Vater, bitten wir in Demut und flehen zu Dir durch Jesus Christus, Deinen Sohn, unsern Herrn: nimm wohlgefällig an und segne (diese ✠ Geschenke, diese ✠ Gaben) diese ✠ heiligen, makellosen Opfergaben.

Mit ausgebreiteten Händen und Armen in Kreuzesform:
Wir bringen sie Dir dar vor allem für Deine heilige katholische Kirche: schenke ihr den Frieden auf dem ganzen Erdkreis; behüte, einige und leite sie huldvoll: Deinen Diener, unsern Erzbischof N., unsern Bischof N., alle Rechtgläubigen und alle, die den katholischen und apostolischen Glauben fördern.

Gedächtnis der Lebenden (ggf. rechter Konzelebrant):

GEDENKE, Herr, Deiner Diener und Dienerinnen N. *(er faltet die Hände und verweilt mit der Gemeinde eine kurze Zeit in stillem Gebet)* und aller Umstehenden, deren Glauben und Opfergesinnung Du kennst. Für sie bringen wir dieses Lobopfer dar und sie selbst opfern es Dir für sich und für alle die Ihrigen, damit ihre Seele gerettet und ihre Hoffnung auf Heil gesichert werde; sie weihen Dir, dem ewigen, lebendigen, wahren Gott, ihre Gaben.

Gedächtnis der Heiligen (ggf. linker Konzelebrant):

GEMEINSAM vereint ehren wir dabei vor allem das Andenken der glorreichen, allzeit reinen Jungfrau Maria, der Mutter Jesu Christi, unseres Herrn und Gottes, wie auch Deiner heiligen Apostel und Blutzeugen (Petrus und Paulus, Andreas, Jakobus, Johannes, Thomas, Jakobus, Philippus, Bartholomäus, Matthäus, Simon und Thaddäus, Linus, Kletus, Klemens, Xystus, Kornelius, Cyprianus, Laurentius, Chrysogonus, Johannes und Paulus, Kosmas und Damianus) und aller Deiner Heiligen. Ob ihrer Fürbitten gewähre uns in allem hilfreich Deinen Schutz und Beistand. Durch Ihn, Christus, unseren Herrn. *Antwort:* **Amen.**

Der Priester hält die Hände ausgebreitet über die Opfergaben:

SO nimm denn, Herr, wir bitten Dich, diese Opfergabe versöhnt an, die wir, Deine Diener, und Deine ganze Gemeinde Dir darbringen. Leite unsre Tage in Deinem Frieden, bewahre uns gütig vor der ewigen Verdammnis und reihe uns ein in die Schar Deiner Auserwählten. Durch Christus, unseren Herrn. *Antwort:* **Amen.**

GOTT, wir bitten Dich: mache in Gnaden diese Opfergabe in allem ✠ reichgesegnet, ✠ angerechnet, vollgültig, ✠ recht und annehmbar, damit sie uns werde ✠ Leib und ✠ Blut Deines vielgeliebten Sohnes, unsres Herrn Jesus Christus.

Er wischt Daumen und Finger über dem Korporale ab. Danach spricht er (gemeinsam mit etwaigen Konzelebranten):

ER nahm am Abend vor Seinem Leiden Brot in Seine heiligen und ehrwürdigen Hände *(er erhebt die Hostie mit beiden Händen),* erhob die Augen *(er senkt die Hostie und erhebt die Augen)* gen Himmel, zu Dir, Gott, Seinem allmächtigen Vater, sagte Dir Dank, ✠ segnete es *(alle Hostien bekreuzigend),* brach es und gab es Seinen Jüngern mit den Worten: Nehmet und esset alle davon; denn dies ist Mein Leib.

Der Priester erhebt die Hostie leicht, legt sie zurück und verneigt sich tief (ebenso etwaige Konzelebranten). Dann enthüllt er den Kelch, nimmt ihn in seine Hände und spricht (gemeinsam mit etwaigen Konzelebranten):

In gleicher Weise nahm Er nach dem Mahle auch diesen kostbaren Kelch in Seine heiligen und ehrwürdigen Hände, dankte Dir abermals, ✚ segnete ihn und gab ihn Seinen Jüngern mit den Worten: Nehmet hin und trinket alle daraus: Das ist der Kelch Meines Blutes, des neuen und ewigen Bundes – *der Diakon wirft ein:* Geheimnis des Glaubens –, *der Priester fährt fort:* das für euch und für viele vergossen wird zur Vergebung der Sünden. Tuet dies, sooft ihr es tut, zu Meinem Gedächtnis.

Der Priester stellt den Kelch wieder zurück, bedeckt ihn und verneigt sich tief (ebenso etwaige Konzelebranten). Er breitet die Hände aus und spricht:

DAHER sind wir denn eingedenk, Herr, wir Deine Diener, aber auch Dein heiliges Volk, des heilbringenden Leidens, der Auferstehung von den Toten und der ruhmreichen Himmelfahrt Deines Sohnes, unsres Herrn Jesus Christus, und bringen so Deiner erhabenen Majestät von Deinen Geschenken und Gaben eine reine ✚ Opfergabe dar, eine heilige ✚ Opfergabe, eine makellose ✚ Opfergabe: das heilige ✚ Brot des ewigen Lebens und den ✚ Kelch des immerwährenden Heiles.

Blicke huldvoll darauf nieder mit gnädigem und mildem Angesicht, und nimm es wohlgefällig an, wie Du einst mit Wohlgefallen aufgenommen hast die Gaben Abels, Deines gerechten Dieners, das Opfer unsres Patriarchen Abraham sowie das heilige Opfer und die makellose Opfergabe, die Dein Hoherpriester Melchisedek Dir darbrachte.

Er verneigt sich vor dem Altar und spricht mit überkreuzten Armen (gemeinsam mit etwaigen Konzelebranten):

INDEM wir Dir die hochheiligen Opfergaben unseres Heils darbringen, bitten wir Dich: Sende Deinen heiligen Geist herab auf diese Eucharistie, auf uns und ✠ diese Gaben, damit sie verwandelt werden in den ✠ Leib und das ✠ Blut Jesu Christi.

FLEHENTLICH bitten wir Dich, allmächtiger Gott: Dein heiliger Engel möge dieses Opfer zu Deinem himmlischen Altar emportragen vor das Angesicht Deiner göttlichen Majestät. Lass uns alle, die wir gemeinsam von diesem Altar *(hier küsst der Priester den Altar)* den hochheiligen ✠ Leib und das hochheilige ✠ Blut Deines Sohnes empfangen, mit allem *(hier bekreuzigt er sich)* ✠ Gnadensegen des Himmels erfüllt werden. Durch Ihn, Christus, unseren Herrn.
Antwort: **Amen.**

Der Priester verneigt sich tief. Darauf spricht er (ggf. ein Konzelebrant), wieder mit ausgebreiteten Händen in Kreuzesform, das Gedächtnis der Verstorbenen:

HERR, gedenke auch Deiner Diener und Dienerinnen N., die uns mit dem Zeichen des Glaubens vorangegangen und in Frieden entschlafen sind. *(Er faltet die Hände und verweilt mit der Gemeinde eine kurze Zeit in stillem Gebet)* Wir flehen Dich an, Herr: Gewähre ihnen und allen, die in Christus ruhen, in Deiner Milde den Ort der Erquickung, des Lichtes und des Friedens. Durch Ihn, Christus, unseren Herrn.
Antwort: **Amen.**

Hier schlägt sich der Priester (ggf. ein Konzelebrant) an die Brust und spricht:

AUCH uns Sündern, Deinen Dienern, die auf Deine überreiche Barmherzigkeit hoffen, schenke in Gnaden Anteil und Gemeinschaft mit Deinen heiligen Aposteln und Blutzeugen (mit Johannes, Stephanus, Matthias, Barnabas, Ignatius, Alexander, Marcellinus, Petrus, Felicitas, Perpetua, Agatha, Lucia, Agnes, Cäcilia, Anastasia) und allen Deinen Heiligen. Wäge nicht, wir flehen zu Dir, unser Verdienst, sondern nimm uns in ihre Gemeinschaft auf durch Deine großherzige Nachsicht.

DARUM bitten wir durch Christus, unseren Herrn. Denn durch Ihn erschaffst Du, Herr, immerfort all diese Gaben, ✠ heiligst, ✠ belebst, ✠ segnest und ✠ gewährst sie uns.

Der Priester enthüllt den Kelch und verneigt sich tief. Zur Doxologie erhebt er Kelch und (darüber) Hostie. Ggf. erhebt der rechte Konzelebrant den Kelch. Gemeinsam mit etwaigen Konzelebranten singt der Priester auf dem Präfationston:

DURCH ihn und mit ihm und in ihm wird Dir dargebracht, Gott, allmächtiger Vater, in der Gemeinschaft des Heiligen Geistes *
alle Herrlichkeit und Ehre,
jetzt und in Ewigkeit.

Antwort: Amen.

Nachdem er Kelch und Patene zurückgestellt hat, bedeckt er wieder den Kelch und verneigt sich tief (ebenso etwaige Konzelebranten). Darauf folgen: Vaterunser (mit Embolismus), Brotbrechung (Gesang des Agnus Dei), Kommunion, Dankgebet, Entlassung und ggf. Schlusssegen.

Alternatives Eucharistiegebet

Wo dies aus pastoralen Gründen angezeigt ist, kann statt des römischen Messkanon auch die Anaphora der Traditio apostolica (I, 4,3–31) gebetet werden.

Der Priester verneigt sich tief vor dem Altar und singt, die Hände gefaltet, auf dem Präfationston:

Wir sagen Dir Dank, Herr, durch Deinen geliebten Sohn Jesus,
den Messias, den Du uns in diesen letzten Tagen gesandt hast*
zum Heiland und Erlöser,
als Boten Deines Ratschlusses.

Er ist das Wort, das aus Dir ist,
durch welches Du alles geschaffen hast *
nach Deinem Willen.

Ihn hast Du vom Himmel gesandt
in den Schoß der Jungfrau. *
Er ist Fleisch geworden, ward in ihrem Leibe getragen
und als Dein Sohn offenbart vom Heiligen Geist,

damit Er Deinen Willen erfülle
und Dir ein Volk bereite *
durch Ausbreitung Seiner Hände.

Er hat gelitten,
damit Er die Leidenden befreite, die auf Dich trauen, *
indem Er nach Seinem freien Willen
in das Leiden übergeben ward,

um den Tod auszulösen, die Bande des Satans zu zerbrechen,
die Unterwelt zu zertreten, *
die Heiligen hinauszuführen
und die Auferstehung zu offenbaren.

Der Priester setzt fort mit dem Einsetzungsbericht (gemeinsam mit etwaigen Konzelebranten), auf dem IV. Psalmton:

INDEM Christus das Brot nahm *
(er nimmt die Hostie und erhebt die Augen)
sagte Er Dir, dem Vater, Dank und sprach:
(den Blick auf alle zu konsekrierenden Hostien richtend)
Nehmet, esset, dies ist Mein Leib, *
der für euch gebrochen wird.
Er legt die Hostie zurück.
Auf ähnliche Weise *
nahm Er auch den Kelch *(er nimmt den Kelch)* und sprach:
Dies ist Mein Blut, das für euch vergossen wird; *
wenn ihr dies tut, so tuet es zu Meinem Gedächtnis.

Er stellt den Kelch zurück und verneigt sich tief (ebenso die Konzelebranten).

Wieder in Orantenhaltung spricht er die Anamnesis:

EINGEDENK also Seines Todes und Seiner Auferstehung *
opfern wir Dir dieses Brot und diesen Kelch.
Wir sagen Dir Dank, dass Du uns würdig gemacht hast, *
vor Dir zu stehen und priesterlichen Dienst vor Dir zu verrichten.

Geneigt und mit gefalteten Händen spricht er die Wandlungsepiklese (gemeinsam mit etwaigen Konzelebranten):

DEMÜTIG bitten wir Dich: / Sende Deinen Heiligen Geist auf die Opfergaben dieser Gemeinde, *
um sie zu wandeln in ✠ Leib und ✠ Blut Deines geliebten
Sohnes.

Und die Kommunionepiklese:

VERLEIHE allen, die davon empfangen, Heiligkeit, *
dass sie vom Heiligen Geist erfüllt werden,
um bestärkt zu werden im Glauben an die Wahrheit, *
damit sie Dich feiern und loben in Deinem Sohn Jesus Christus.

Etwaige Konzelebranten sprechen die Interzessionen (z.B. nach Didache 10,5):

GEDENKE, Herr, Deiner Kirche, /
um sie von allem Bösen zu erlösen *
und in Deiner Liebe zu vollenden.
Versammle sie von allen Richtungen des Himmels *
in Dein Reich, das Dein Sohn für sie bereitet hat.

Der Priester enthüllt den Kelch und verneigt sich tief. Zur Doxologie erhebt er Kelch und (darüber) Hostie. Ggf. erhebt der rechte Konzelebrant den Kelch. Gemeinsam mit etwaigen Konzelebranten singt der Priester auf dem Präfationston:

DURCH ihn und mit ihm und in ihm
wird Dir dargebracht, Gott, allmächtiger Vater, in der Gemeinschaft des Heiligen Geistes *
alle Herrlichkeit und Ehre,
jetzt und in Ewigkeit.

Antwort: **Amen.**

Er stellt Kelch und Patene zurück, bedeckt den Kelch und verneigt sich tief (ebenso etwaige Konzelebranten). Darauf folgen: Vaterunser (mit Doxologie statt des Embolismus), Brotbrechung (Gesang des Agnus Dei), Kommunion, Dankgebet, Entlassung und ggf. Schlusssegen.

Anmerkungen zur Textgestalt

Die obige Übersetzung des römischen Messkanons weicht an zwei Stellen vom lateinischen Original ab: Erstens wurde die Wendung *meritis precibusque* im Heiligengedächtnis schlicht mit »Fürbitten« übersetzt. Hintergrund hierfür ist die problematische Wirkungsgeschichte des Wortes »Verdienst« in der lateinischen Theologie seit dem Hochmittelalter, aus welcher sich die bekannten, von den Reformatoren gegeißelten Missbräuche und soteriologischen Schieflagen der kirchlichen Verkündigung ergaben.

Zweitens wurde vor dem anabatischen Wandlungsgebet *Supplices*[32], anknüpfend an die östliche und eine sehr alte, wenngleich weitgehend erloschene, westliche Praxis, eine katabatische Epiklese eingeschoben. Diese ist in gekürzter Form dem *Missale Gothicum* entnommen, das in mehreren Messproprien – jeweils unter der Rubrik *Post mysterium* – katabatische Wandlungs- und Kommunionepiklesen bietet; unsere folgt der Messe für Petri Stuhlfeier[33].

Der Text des alternativen Eucharistiegebets basiert auf der (bis heute im liturgischen Gebrauch befindlichen) äthiopischen Rezension der *Traditio apostolica*. Sie orientiert sich an der möglicherweise ältesten, schon von Koestlin[34] wiedergegebenen, deutschen Übersetzung dieses Texts. Allerdings wurde hierbei die Wandlungsepiklese entfaltet und die Doxologie trinitarisch präzisiert.

---

[32] Dieses gehört zu den ältesten Teilen des römischen Messkanons. In der ambrosianischen Schrift *De Sacramentis* (IV, 6) begegnen Vorformen der Gebete *Unde et memores, Supra quae, Supplices* noch eng verwoben (PL 16, 445f.). Zur Authentizität jener Schrift vgl. z.B. Otto Faller (Hrsg.): *Sancti Ambrosii Opera: Pars Septima.* CSEL 73. Wien: Hoelder–Pichler–Tempsky 1955, 19*–27*.

[33] Henry Mariott Bannister: *Missale Gothicum: A Gallican Sacramentary – Ms. Vatican. Regin. Lat. 317.* Henry Bradshaw Society, volume LII. London 1917, 49f. [154].

[34] Heinrich Koestlin: *Geschichte des christlichen Gottesdienstes: Ein Handbuch.* Freiburg: Mohr Siebeck 1887, 49f.

Wegmarken des Altkatholizismus

Vom Konzil von Nizäa bis zur Gegenwart

Inhaltsangabe

Alte Kirche: Kirchenverfassung und Erlösungslehre

325   Das Erste Ökumenische Konzil (in Nizäa) beschließt neben dem berühmten Bekenntnis, das die Göttlichkeit Jesu Christi definiert, auch kirchenrechtliche Anordnungen (Kanones): Laut can. 6 sind die Bischofsstühle von Alexandria und Antiochien als kirchenrechtlich vergleichbar mit dem römischen zu behandeln. Das Konzil schärft dabei ein: »Die alten Bräuche sollen obwalten« (Τὰ ἀρχαῖα ἔθη κρατείτω – MANSI 2, 669).

381   Das Zweite Ökumenische Konzil (Konstantinopel) definiert die Heilige Dreifaltigkeit und bekräftigt (can. 2) die Integrität der Kirchenprovinzen gegen Einmischung von außen (MANSI 3, 560).

411/2   Pelagius und Caelestius verbreiten die Irrlehre, der Mensch sei von sich aus im Stande, ein tugendhaftes Leben zu führen. Augustinus von Hippo korrigiert sie durch Darlegung der paulinisch-johanneischen Gnadenlehre, u.a. mit Verweis auf Röm 3,22–24 und Joh 15,5, getreu der kirchlichen Überlieferung (vgl. z.B. Tertullian, *De oratione* 4 [PL 1, 1158A; BKV^2, I. Reihe, Bd. 7, 252] oder Cyprian, *De dominica oratione* 16; 26 [PL 4, 530A; BKV^2, I. Reihe, Bd. 34, 179]).

418   Die 16. Synode von Karthago verurteilt, u.a. Joh 15,5 zitierend, den Pelagianismus, z.B. in can. 3–5 (DH 225–227; *Codex Africanus*, can. 113); die Beschlüsse werden durch den *Indiculus* (DH 244 Fn. 1; 245) im Westen allgemein anerkannt.

431   Das Dritte Ökumenische Konzil (Ephesus) definiert Gottes Menschwerdung in Christus (Maria als Gottesgebärerin θεοτόκος); es verwirft den Pelagianismus des Caelestius (DH 267f.).

Mittelalter: Großes Schisma und Ausweitung päpstlicher Gewalt

529   Die Zweite Synode von Orange verurteilt semi-pelagianische Irrtümer (DH 370–397). Obgleich von Papst Bonifatius II. amtlich bestätigt (DH 398–400), gerät die Synode in Vergessenheit.

692   Das Konzil von Trullo (Fortsetzung des Sechsten Ökumenischen Konzils) erklärt in can. 2 auch (gegen den Pelagianismus) die 16. Synode von Karthago für allgemein bindend (MANSI 11,939).

695   Papst Sergius I. konsekriert den Missionar Willibrord aus Northumbria, zu dessen Schülern und Gefährten u.a. Bonifatius zählt, zum Missionserzbischof mit Sitz im Kastell Utrecht.

794   Die von Karl dem Großen einberufene Synode von Frankfurt verwirft die Beschlüsse des Siebten Ökumenischen Konzils von 787 (Nizäa II). Grund dafür ist u.a. eine fehlerhafte Übersetzung vom Griechischen ins Lateinische, in welcher der entscheidende Unterschied zwischen (erlaubter) Verehrung und (verbotener) Anbetung von Ikonen eingeebnet wird (DH 612–615 Einleitung). Papst Hadrian I. erkennt Nizäa II jedoch an.

1014   Auf kaiserlichen Druck hin wird in Rom unter Papst Benedikt VIII. der – im Frankenreich seit dem 8. Jahrhundert verbreitete – Einschub ins Credo übernommen, der Heilige Geist gehe aus dem Vater *und dem Sohn* (*Filioque*) hervor. Die einseitige Abänderung des gesamtkirchlichen Glaubensbekenntnisses durch den Papst, ohne Konzilsbeschluss, ist symbolträchtiger Höhepunkt einer langen, durch die Sprachbarriere und politische Gegensätze verstärkten, Entfremdung der lateinischen von der griechischen Kirche.

1054	Kardinal Humbert exkommuniziert (im Namen des zwischenzeitlich verstorbenen Papstes Leo IX., mithin ohne Mandat) den Ökumenischen Patriarchen Michael Keroularios von Konstantinopel unter wüster Verurteilung der griechischen Kirche; der Patriarch und seine Synode exkommunizieren daraufhin die päpstlichen Gesandten.
1075	Papst Gregor VII. beansprucht in *Dictatus papae* eine neue Extremform des Primats; er versteigt sich u.a. zur Behauptung (23), jeder kanonisch eingesetzte Papst werde zweifellos heilig.
1098/9	In Antiochien und Jerusalem werden durch die Kreuzfahrerstaaten lateinische Patriarchate als Konkurrenz zu den dortigen altkirchlichen Patriarchaten des byzantinischen Ritus errichtet.
1215	Das Vierte Laterankonzil (can. 23–26, MANSI 22, 1011–1016) bestätigt das Recht der Domkapitel zur Bischofswahl, der Papst prüft die Wahl, um kanonische Hindernisse auszuschließen.
ca. 1265	Thomas von Aquin systematisiert die Kernpunkte der augustinischen Gnadenlehre, einschließlich der Prädestination, und beweist ihre Vereinbarkeit mit der Anthropologie des Johannes Damascenus (vgl. z.B. S. th., I, q. 23, a. 1).
1302	In der päpstlichen Bulle *Unam sanctam* verdammt Bonifatius VIII. die griechische Kirche und lehrt, es sei »notwendig zum Heil, dem Römischen Bischof unterworfen zu sein« (DH 875).
1415	Das Konzil von Konstanz heilt das sogenannte Abendländische Schisma (zwischen rivalisierenden Päpsten und ihren Anhängern) und lehrt, dass der Papst u n t e r einem Ökumenischen Konzil steht. Dieser Konzilsbeschluss wird 1459 in der Bulle *Exsecrabilis* Papst Pius' II. verketzert (DH 1375).

Reformationszeit: Konflikte mit Calvinisten und Jesuiten

1534   Ignatius von Loyola gründet den Jesuiten-Orden, päpstlich anerkannt 1540 durch Paul III. Die fruchtbaren Ansätze zur Förderung der geistlichen Vitalität der Kirche, insbesondere die Kontemplation des Lebens Jesu und die Priorisierung der Mission, werden in der *Societas Jesu* schon bald getrübt und letztlich überschattet durch (positivistische) formalistische Neuerungen: die monarchisch-zentralistische Struktur des Ordens erstens und der besondere Papstgehorsam als Grundlage jesuitischer Spiritualität zweitens.

Der Fokus auf Formalprinzipien begünstigt wohl die charakteristische Förderung veräußerlichter Frömmigkeitsformen im Sinne der ›Volksmission‹ des tridentinischen Katholizismus (Ablass, Rosenkranz, Skapulier, Prozessionen usw.) zulasten älterer Formen christlicher Spiritualität (z.B. Stundengebet, *lectio divina*, Fastenzeiten, gemeindliches Leben). Die jesuitische Überhöhung des Papstgehorsams nimmt die spätere Zerstörung der altkirchlichen Kirchenverfassung durch das Erste Vaticanum vorweg und bereitet ihr in mehrfacher Hinsicht den Boden. Sie begünstigt vermutlich auch die jesuitische Bereitschaft zur Einbindung paganer Riten (Akkommodation).

In der Debatte um Gottes Gnade und menschliche Willensfreiheit (*de auxiliis*) bekämpfen die Jesuiten später die überlieferte augustinische und die ihr verwandte thomistische Position. Ihre Theorie ist die des Jesuiten Luis de Molina.

1559   Das Bistum Utrecht wird zum Erzbistum erhoben und in fünf Suffraganbistümer unterteilt.

1567   Pius V. verdammt in *Ex omnibus afflictionibus* (DH 1900–1980) die schroff augustinische Lehre des Löwener Theologieprofessors Michael Bajus.

1580   Nach dem Tod des Utrechter Erzbischofs Schenck Baron von Tautenburg wird Sasbold Vosmeer zum Generalvikar des Erzbistums gewählt. Er sammelt und stärkt mit großem Erfolg die verbliebenen Katholiken und drängt den Calvinismus in Holland zurück. Da aber die Zahl der Priester nicht ausreicht, sorgt die spanische Krone dafür, dass der Jesuitenorden in die Niederlande kommt. Doch die eher auf Äußerlichkeiten fokussierte Frömmigkeit (mit starker Betonung von Ablass, Rosenkranz, Skapulieren, Reliquien usw.) und flexible Moral der eingereisten Jesuiten passen kaum zur strengen, ernsten Innerlichkeit des niederländischen Katholizismus.

1581   In den überwiegend calvinistischen Vereinigten Niederlanden (Generalstaaten) werden öffentliche katholische Gottesdienste verboten.

1602   Sasbold Vosmeer wird zum Erzbischof konsekriert. Katholischerseits verwendet man zeitweise den erzbischöflichen Titel ›von Utrecht‹ nur noch kircheninten, um nicht des Hochverrats bezichtigt zu werden. Sasbold Vosmeer führt als Titel zunächst sein Titularerzbistum Philippi, nennt sich ab 1605 aber wieder – unwidersprochen von kirchlicher Seite – Erzbischof von Utrecht.

17. Jahrhundert: Verschärfung des Streits um Gnade und Primat

1640   Posthum erscheint das in jahrzehntelanger Arbeit entstandene Augustinus-Buch des Bischofs von Ypern, Cornelius Jansen. Wie Bajus lehrte Jansen Theologie an der Universität Löwen, wo auch ein großer Teil des Utrechter Klerus ausgebildet wird. Das Werk zeitigt in Frankreich enorme Resonanz.

Führende französische Intellektuelle wie Antoine Arnauld, Pierre Nicole, Blaise Pascal, Jean Racine und der Abt von Saint-Cyran sind J a n s e n i s t e n. Voll tiefem religiösen Ernst propagieren sie: einfache Lebensführung, sorgfältige Vorbereitung auf das Buß- und Altarsakrament sowie intensives Studium der Heiligen Schrift; sie verwerfen die Verwechslung geistlicher Autorität mit politischer Macht. Arnaulds Schwester Angélique, ebenfalls Jansenistin, leitet die Abtei der Zisterzienserinnen zu Port-Royal-des-Champs – ein geistliches und intellektuelles Zentrum mit weithin ausstrahlender pädagogischer Arbeit.

1653   Papst Innozenz X. erlässt die Konstitution *Cum occasione* (DH 2001–2007) zwecks Verurteilung von fünf Sätzen, die Jansens Augustinus-Buch zugeschrieben werden. Nur der erste der Sätze findet sich in dem Werk. Führende Jansenisten respektieren die Lehrentscheidung des Papstes, bestreiten aber, dass sich die zensorierten Sätze in diesem Sinne in Jansens Buch finden. Sie äußern den Verdacht, die Verurteilung Jansens sei erschlichen. Der Stand der Jansenisten wird erschwert durch ihre kritische Haltung zur Politik der Kardinalminister Richelieu und Mazarin.

1665   In seiner Konstitution *Regiminis apostolici* (DH 2020) verlangt Papst Alexander VII. von allen französischen Klerikern und Lehrern nicht nur die Verurteilung besagter fünf Sätze, sondern auch die Zustimmung, dass diese Sätze in Jansens Buch stehen und dort im verurteilten Sinn gemeint sind (!). Viele können diesen Eid nicht mit ihrem Gewissen vereinbaren, andere leisten ihn nur mit innerem Vorbehalt. Schon 1660 waren die Schulen der Abtei Port-Royal-des-Champs zwangsweise geschlossen worden. Vor der immer härteren, auch staatlichen Verfolgung fliehen viele Jansenisten in die Niederlande.

1669   Der Utrechter Erzbischof Johannes Baptist Neercassel entfernt die unrechtmäßig in Holland weilenden Jesuiten, die der apostolischen Arbeit der Utrechter Kirche geschadet haben. Als Folge verklagen ihn die Jesuiten als Jansenist in Rom.

1683   Neercassels Kritik an der Beichtpraxis der Jesuiten erscheint. Papst Innozenz XI. urteilt: »Das Buch ist gut und sein Verfasser ein Heiliger.«

1697–
1702   Eine Intrige gegen Neercassels Nachfolger Petrus Codde führt zu dessen Amtsenthebung. Die Jesuiten werfen ihm Förderung des Jansenismus vor, mit der Begründung: in seinem Erzbistum erfolge teilweise die Sakramentenspendung und die Verkündigung des Evangeliums in der Landessprache; die Übersetzung des Ave Maria sei nicht feierlich genug; Ablass, Rosenkranz, und Prozessionen würden nicht genug geschätzt; die Praxis im Beichtstuhl sei zu streng. Der letzte, wohl einzig interessante, Punkt ist freilich vor dem Hintergrund zu sehen, dass Papst Innozenz XI. 1679 den jesuitischen Laxismus anhand von 65 Irrtümern verurteilte (DH 2101–2167).

18. Jahrhundert: Erzwungener Weg in die Unabhängigkeit

1713   Papst Clemens' XI. Bulle *Unigenitus Dei Filius* (DH 2400–2502) verurteilt zahlreiche Sätze aus der kommentierten Übersetzung des Neuen Testaments des Jansenisten Pasquier Quesnel. Zensoriert wird u.a. eine Auslegung von Joh 15,5 (DH 2402), die sinngemäß dem can. 5 der 16. Synode von Karthago 418 entspricht (DH 227 = *Codex Africanus*, can. 113; bestätigt im *Indiculus*, DH 245; s.o. Konzil von Trullo 692). Verurteilt wird auch Quesnels Warnung vor kirchlichem Machtmissbrauch (DH 2494) und dem Verbot des Bibellesens (DH 2482).

1719   Der Missionspriester Dominique Marie Varlet, Generalvikar des Bistums Québéc (Ausdehnung bis zum Golf von Mexiko), wird zum Bischof-Coadjutor von Babylon geweiht; der Konsekrator Jacques Goyon de Matignon hatte 1673 die Bischofsweihe durch den berühmten Jacques Bénigne Bossuet empfangen. Auf dem Weg in sein Bistum firmt Varlet im verwaisten Erzbistum Utrecht – auf Bitten des Generalvikars, Cornelis Steenoven. Aufforderungen zur Unterzeichnung der Bulle *Unigenitus* ignoriert er, u.a. mit Verweis auf seine nuancierte Dissertation an der Sorbonne. Darauf ordnet Clemens XI. Varlets Suspendierung an; dieser erfährt davon erst ein Jahr später, bereits in Persien.

1723   Während Varlet inzwischen wieder in Holland weilt, wählt das Domkapitel den Generalvikar Cornelis Steenoven zum Nachfolger des 1710 verstorbenen Codde. Papst Innozenz XIII. aber verweigert ohne Begründung die Bestätigung.

1724   Mehrere Bischöfe fordern Varlet direkt (z.b. de
        Caylus von Auxerre) oder indirekt (z.b. Franken-
        Sierstorpff von Antwerpen) zur Konsekration
        des zum Erzbischof erwählten Steenoven auf.
        Damit sind analoge Voraussetzungen zu der in
        den Apostolischen Konstitutionen (VIII. Buch,
        Kapitel 27 [PG 1, 1124A; BKV², I. Reihe, Bd. 5,
        61]) beschriebenen Notsituation gegeben, in
        welcher ausnahmsweise auch die Konsekration
        durch nur e i n e n Bischof kanonisch erlaubt ist.

        Solche Weihen hat es in der Kirchengeschichte –
        nicht nur im Westen – mehrfach gegeben: z.b.
        die Konsekration des Evagrius von Antiochien
        388 durch seinen Vorgänger Paulinus während des
        meletianischen Schisma. Evagrius genoss offenbar
        einiges Ansehen: Sokrates Scholasticus behauptet
        z.b., kein Geringerer als Johannes Chrysostomus
        habe sich von ihm zum Priester weihen lassen.
        [*Historia ecclesiastica*, VI, 4; PG 67, 669A]

1739   In den Folgejahren sterben sowohl Steenoven
        (1725) als auch zwei seiner, ebenfalls von Varlet
        konsekrierten, Nachfolger: Barchman Wuytiers
        1733 und Theodorus van der Croon 1739.
        Varlet weiht zuletzt Petrus Meindaerts. Dieser
        verhandelt zunächst mit Rom, sichert aber nach
        ausbleibendem Erfolg die apostolische Nachfolge
        für sein Erzbistum durch Wiederbesetzung der
        Suffraganbistümer Haarlem und Deventer.

1763   Meindaerts beruft eine weithin beachtete
        Provinzialsynode ein. Zahlreiche katholische
        Bischöfe gratulieren ihm hierzu und werben in
        Rom für die Rehabilitation der Utrechter Kirche.

1794   Die Bulle *Auctorem fidei* (DH 2600–2700)
        Pius' VI. verurteilt diverse episkopalistische und
        jansenistische Lehren der Synode von Pistoia.

19. Jahrhundert: Vaticanum I und Gründung der Utrechter Union

1854   In der Bulle *Ineffabilis Deus* (DH 2800–2804) verkündet Papst Pius IX. – nach bloß schriftlicher Konsultation der Bischöfe, ohne Konzil – ein neues Dogma: Die heilige Jungfrau Maria sei ohne Erbsünde (*immaculata*) empfangen worden. Dies widerspricht der Lehre der Ostkirchen und des Thomas von Aquin (S. th., III, q. 27, a. 2–4), dass die Gottesgebärerin erlösungsbedürftig ins Dasein getreten und im Mutterleib gereinigt worden ist.

1864   Im *Syllabus errorum* (DH 2901–2980) verwirft Pius IX. neben vielen modernistischen Irrtümern auch Aspekte des Episkopalismus und die zivile Religionsfreiheit; päpstliche Verantwortung für die Trennung von den Ostkirchen wird abgelehnt.

1870   Dem Ersten Vatikanischen Konzil wird von ultramontanen Kreisen die (offiziell zunächst nicht vorgesehene) Frage der päpstlichen Unfehlbarkeit (Infallibilität) aufgedrängt. Immerhin 88 Bischöfe sind bei der vorläufigen Schlussabstimmung strikt gegen den Entwurf der Konstitution *Pastor aeternus*, 32 weitere fordern Abschwächungen. Doch der Papst verschärft den Entwurf noch. Die Minorität reist protestierend ab, die Konstitution wird verabschiedet und die kritischen Bischöfe (u.a. Carl Joseph v. Hefele, Wilhelm v. Ketteler, Josip Stroßmayer) werden zur Annahme genötigt.

Pastor aeternus (DH 3050–3075) lehrt die göttliche Einsetzung des Primats des römischen Bischofs, definiert den Papstprimat als volle, ordentliche und unmittelbare Rechtsvollmacht und erklärt zudem alle päpstlichen amtlichen Lehrentscheidungen (*ex cathedra*) für unfehlbar.

98

1871   Wer die Anerkennung der neuen Papstdogmen verweigert (darunter Ignaz v. Döllinger, Johann Friedrich, Augustine Amalia v. Lasaulx, Franz Heinrich Reusch, Johann Friedrich v. Schulte), wird exkommuniziert. Die so Exkommunizierten bilden mit ihren Unterstützern Notgemeinden und nennen sich, in Abgrenzung zu den Neuerungen des Vatikanischen Konzils, altkatholisch. In München findet der erste (Alt)Katholikenkongress statt, mit Vertretern des Erzbistums Utrecht.

1873   Das neu konstituierte deutsche altkatholische Bistum wählt Joseph Hubert Reinkens zu seinem ersten Bischof. Dieser wird noch im selben Jahr von Hermann Heykamp, Suffraganbischof von Deventer im Erzbistum Utrecht, konsekriert. Altkatholische Bistümer entstehen auch in der Schweiz (*Christkatholische Kirche der Schweiz* unter Bischof Eduard Herzog) und in Österreich. Die altkatholischen Kirchen feiern die Liturgie in der Landessprache; bald gibt es Zölibatsdispens.

1874,   Auf den durch v. Döllinger organisierten »Bonner
1875   Unionskonferenzen« diskutieren orthodoxe, anglikanische und altkatholische Theologen Wege zur Annäherung, auch die Filioque-Frage.

1889   Auf der Grundlage der *Utrechter Erklärung* (S. 12ff.) vereinigen sich das Erzbistum Utrecht samt seinen Suffraganbistümern sowie die altkatholischen Bistümer Deutschlands und der Schweiz, jeweils vertreten durch ihre Bischöfe, zur Utrechter Union der altkatholischen Kirchen.

1897   Für die polnischstämmigen Altkatholiken in Nordamerika (mit Gemeinden u.a. in Chicago) wird Antoni Kozłowski in Bern durch die Bischöfe Eduard Herzog (Bern), Gerardus Gul (Utrecht) und Theodor Weber (Bonn) zum Bischof geweiht.

20. Jahrhundert: Kirchenwachstum, ökumenische Erfolge, innerer Bruch

1907   Nach Bischof Kozłowskis frühem Tod schließen sich seine Gemeinden der in Pennsylvania neu gegründeten Polnisch-katholischen Nationalkirche (*Polish National Catholic Church*, PNCC) um Franciszek Hodur an; dieser empfängt in Utrecht durch Gerardus Gul, Jacobus van Thiel (Haarlem) und Nicolaus Spit (Deventer) die Bischofsweihe.

1921   Die Polnisch-katholische Nationalkirche beginnt eine Mission in Polen (ab 1928 eigenes Bistum).

1931   Die altkatholischen Kirchen Hollands, Deutschlands sowie der Schweiz und die (anglikanische) Kirche Englands vereinbaren volle Kirchengemeinschaft (*full communion*) auf der Grundlage einer relativ knappen Konsensformel, des *Bonn Agreement* (»Bonner Übereinkunft«). In der Folgezeit ratifizieren weitere altkatholische und anglikanische Kirchen die Übereinkunft, 1946 auch die Polnisch-katholische Nationalkirche.

1948   In Amsterdam wird der Ökumenische Rat der Kirchen gegründet; mehrere altkatholische Kirchen sind Gründungsmitglieder, auch die Polnisch-katholische Nationalkirche.

1951   Die kommunistische Regierung Polens bedroht die dortige Diözese der Polnisch-katholischen Nationalkirche: Bischof Józef Padewski – schon unter deutscher Besatzung 1942–1944 inhaftiert – wird von der Geheimpolizei verhaftet, misshandelt und stirbt in der Untersuchungshaft. Die Diözese muss sich von der amerikanischen Mutterkirche lossagen; als Polnisch-katholische Kirche bleibt sie Mitgliedskirche der Utrechter Union.

1962– 1965	Das römisch-katholische Zweite Vatikanische Konzil äußert zwar Wertschätzung für die Ostkirchen (*Orientalium Ecclesiarum*, DH 4180) und die ökumenische Bewegung (*Unitatis redintegratio*, DH 4186, 4194). Die Konstitution *Lumen gentium* bekräftigt aber die Dogmen des Jurisdiktionsprimats (*LG* 22 = DH 4146) und der päpstlichen Unfehlbarkeit (*LG* 25 = DH 4149).
1970	Eine bischöfliche Delegation der Utrechter Union überreicht in Konstantinopel dem Ökumenischen Patriarchen Athenagoras einen *Glaubensbrief* und eine *Erklärung zur Filioque-Frage* (vgl. S. 11). Durch eine Interorthodoxe Kommission wird der Dialog mit den Altkatholiken vorbereitet.
1975– 1987	Orthodoxe und altkatholische Theologen führen im Auftrag ihrer Kirchen einen ausführlichen Dialog; an seinem Ende steht die Feststellung (vgl. S. 31):»Folge und Ausdruck der gemeinsam erkannten Glaubensgemeinschaft ist die volle, liturgisch-kanonische Gemeinschaft der Kirchen.«
1976	In der Episkopalkirche der Vereinigten Staaten werden die ersten Priesterinnen ordiniert; darauf suspendiert der Leitende Bischof der Polnisch-katholischen Nationalkirche die Kirchengemeinschaft mit ihr. Die Internationale Bischofskonferenz der Utrechter Union äußert sich – einstimmig bei einer Stimmenthaltung (durch Abwesenheit) – ablehnend zur Frauenordination.
1978	Die XV. Generalsynode der Polnisch-katholischen Nationalkirche beschließt das Ende der Kirchengemeinschaft mit der Episkopalkirche.
1989– 1990	Orthodoxe und orientalisch-orthodoxe (vorchalcedonensische/miaphysitische) Theologen tagen im Auftrag ihrer Kirchen in Wadi–El-Natrun (Ägypten) und Chambésy (Schweiz).

Die beiden dort verabschiedeten Gemeinsamen Texte enthalten u.a. einen christologischen Konsens – auf der Basis der Formel des Kyrill von Alexandria über die Unterscheidung der Naturen im inkarnierten Logos »lediglich in der Betrachtung« (τῇ θεωρίᾳ μόνῃ), unter Berücksichtigung des monotheletischen Streits sowie der späteren Konzilien. Sie empfehlen ihren Kirchen die Aufhebung der wechselseitigen Anatheme. Vgl. H. Meyer *et al.* (Hrsgg.): *Dokumente wachsender Übereinstimmung*, Bd. 2. Paderborn 1992, 298–304.

1996 Das deutsche altkatholische Bistum ordiniert zwei Priesterinnen, trotz unzureichender Grundlage in Schrift und Tradition sowie schwerer Bedenken mehrerer altkatholischer Schwesterkirchen (vgl. die Erklärung der Bischöfe der Utrechter Union vom 14. Juli 1997 in Wislikofen/Schweiz: IKZ 87 (1997) Nr. 3, 234–237); die Polnisch-katholische Nationalkirche setzt die Kirchengemeinschaft mit dem deutschen Bistum daraufhin aus.

1999–2000 Hochkirchlich-lutherische Pfarrer und Laien der norwegischen Staatskirche werden altkatholisch und bilden eine skandinavische Administratur der Polnisch-katholischen Nationalkirche. Diese erhält den Namen Nordisch-katholische Kirche (*Den nordisk-katolske kirke*, DNKK; englisch: *Nordic Catholic Church*).

21. Jahrhundert: Fortführung der altkatholischen Tradition

2003   Das Statut der Utrechter Union setzt die volle kirchliche Gemeinschaft der Mitgliedskirchen voraus (Abschnitt B, Art. 1 c). Doch die Polnisch-katholische Nationalkirche kann das Amt der Priesterinnen der westeuropäischen Kirchen nicht anerkennen; es widerspricht Schrift, Tradition und den orthodox-altkatholischen Konsenstexten (V/7, 4). So verlässt sie – mitsamt der Nordisch-katholischen Kirche – die Utrechter Union.

2006   Über 20 Jahre Dialog zwischen der Polnisch-katholischen Nationalkirche und der römisch-katholischen Bischofskonferenz der Vereinigten Staaten münden in der *Joint Declaration on Unity* mit grundsätzlicher gegenseitiger Anerkennung aller Sakramente (nach can. 844 §§ 2–3 CIC).

2008   Die *Erklärung von Scranton* (S. 15ff.) wird von den Bischöfen der Polnisch-katholischen Nationalkirche (am Sitz der Kirche in Scranton, Pennsylvania) unterzeichnet. Sie wird zum ersten Grundlagendokument einer neuen Kirchenunion, die durch betont traditionellen Altkatholizismus das Erbe der Utrechter Union antreten soll: die Union von Scranton. Ihr zweites Grundlagendokument sind die Statuten (S. 40ff.).

2010   Die XXIII. Generalsynode der Polnisch-katholischen Nationalkirche ratifiziert die Grundlagendokumente der Union von Scranton.

2011   Die Nordisch-katholische Kirche wird autonome Mitgliedskirche der Union von Scranton. Erwählter Bischof ist der emeritierte Dogmatiker Roald Nikolai Flemestad.

Roald Flemestad wird in Scranton durch die Polnisch-katholische Nationalkirche zum Bischof der Nordisch-katholischen Kirche konsekriert. Zugleich erhält er ein Mandat als Missionsbischof der Union von Scranton (bischöflicher Delegat, gemäß Abschnitt C, Art. 3 i der Statuten) für das übrige Europa.

2012–2014 Als Missionsbischof für Europa errichtet Flemestad Administraturen bischöflichen Rechts u.a. in Mitteleuropa und in Großbritannien. Hierzu zählt auch die Nordisch-katholische Mission in Deutschland.

2015 Papst Franziskus bestätigt die *Joint Declaration on Unity* durch Anerkennung der Weihen der Polnisch-katholischen Nationalkirche. Anlass ist der Wechsel eines nordisch-katholischen Priesters in das römisch-katholische Bistum Oslo, der dort ohne Reordination als Priester inkardiniert wird.

Die Bischöfe der Utrechter Union beschließen auf ihrer Konferenz in Prag Kirchengemeinschaft mit der (lutherischen) Kirche von Schweden.

2016 Die Bischöfe der Union von Scranton bekräftigen hingegen in einem Brief an das Ökumenische Patriarchat von Konstantinopel geschlossen das Ziel der vollen sakramentalen und kanonischen Einheit mit der orthodoxen Kirche.

2020 Aus Altersgründen gibt Roald Nikolai Flemestad die kirchenrechtliche Verantwortung für das nordisch-katholische Bistum in Skandinavien ab. Zugleich bestätigen ihm die Bischöfe der Union von Scranton sein Mandat als Missionsbischof für das übrige Europa. Flemestads Nachfolger in Skandinavien ist (bis zur Konsekration zunächst als Administrator) der 2019 zum Bischof gewählte Pfarrer Ottar Mikael Myrseth.

Literatur

Bei den Verweisen auf Primärquellen im Text der obigen Zeittafel wurden die untenan aufgeführten bibliographischen Abkürzungen verwendet; diese wiederum folgen im Wesentlichen dem Abkürzungsverzeichnis der LThK[3].

Darüber hinaus wurde insbesondere die folgende Literatur herangezogen:

U. von Arx (Hrsg.), *Koinonia auf altkirchlicher Basis* = IKZ 79 (1989) Beih. Nr. 4, 46–105.

G. Hintzen, Artikel »Kirche von Utrecht«. LThK[3] 10, 504.

B.A. van Kleef, »Die altkatholische Kirche von Utrecht«. IKZ 13 (1923) Nr. 1, 1–25.

Ders., »Aegidius de Witte (2. Fortsetzung)«. IKZ 51 (1961) Nr. 3, 155–188.

Ders., »Dominicus Maria Varlet 1678–1742 (Fortsetzung)«. IKZ 53 (1963) Nr. 3, 149–177.

S. Knobloch, Artikel »Volksmission«. LThK[3] 10, 868f.

U. Küry, *Die Altkatholische Kirche*. Die Kirchen der Welt, Bd. III. Stuttgart: Evangelisches Verlagswerk [2]1978.

H. Meyer, Metr. Damaskinos (Papandreou), H. J. Urban, L. Vischer (Hrsgg.): *Dokumente wachsender Übereinstimmung*, Bd. 2: 1982–1990. Paderborn: Bonifatius Verlag 1992.

K. Schatz, Artikel »Vaticanum I«. LThK[3] 10, 556–561.

G. Switek, Artikel »Jesuiten. I–IV«. LThK[3] 5, 794–800.

Abkürzungsverzeichnis

Abkürzungen von Quellen (außer den biblischen Büchern, s.u.):

BKV²	Otto BARDENHEWER et al. (Hrsgg.): *Bibliothek der Kirchenväter: Eine Auswahl patristischer Werke in deutscher Übersetzung* (=BKV 2. Serie). München: Kösel. I. Reihe 1911–1931; II. Reihe 1934–1938
CSEL	*Corpus Scriptorum Ecclesiasticorum Latinorum*, 1866–
DH	Heinrich DENZINGER, Peter HÜNERMANN, Helmut HOPING (Hrsgg.): *Enchiridion symbolorum, definitionum et declarationum de rebus fidei et morum: Kompendium der Glaubensbekenntnisse und kirchlichen Lehrentscheidungen.* Freiburg: Herder ⁴³2010
IKZ	Internationale kirchliche Zeitschrift, 1911– (neue Folge der *Revue internationale de théologie*) Bern: Stämpfli
LThK³	Walter KASPER (Hrsg.): *Lexikon für Theologie und Kirche.* Freiburg: Herder ³1993–2001
MANSI	Gian Domenico MANSI (Hrsg.): *Sacrorum conciliorum nova et amplissima collectio.* Florenz/Venedig 1758–1774
PG	Jacques-Paul MIGNE (Hrsg.): *Patrologiae Cursus Completus, Series Graeca.* Paris 1857–1866
PL	Jacques-Paul MIGNE (Hrsg.): *Patrologiae Cursus Completus, Series Latina.* Paris 1844–1859
S. th.	SANCTI THOMAE AQUINATIS *Summa Theologiae.* (Editio Leonina:) Rom: Typographia Polyglotta 1888–1906. Gemeinfreie deutsche Übersetzung: *Die katholische Wahrheit oder die theologische Summa des Thomas von Aquin.* Übers.: Ceslaus Maria Schneider. Regensburg: Manz 1886–1892

Zitate aus der Heiligen Schrift gemäß ›Loccumer Richtlinien‹.

Sonstige Abkürzungen:

a.	Articulus *(bei Zitaten scholastischer Werke)*
a. a. O.	am angegebenen Ort
Abs.	Absatz
Anm. (d.)	Anmerkung (des)
Art.	Artikel
Bd.	Band
bzw.	beziehungsweise
ca.	circa (ungefähr)
can.	Kanon(es)
CIC	Codex Iuris Canonici (1983)
d.h.	das heißt
ders.	derselbe (Verfasser)
Ep.	Epistula (Brief)
et al.	*et alii* (und andere)
f., ff.	folgend(e)
Fn.	Fußnote
ggf.	gegebenenfalls
Hrsg., Hrsgg.	Herausgeber
ICBC	International Catholic Bishops' Conference (Internationale katholische Bischofskonferenz)
Nr.	Nummer
PNCC	Polish National Catholic Church (Polnisch-katholische Nationalkirche)
q.	Quaestio *(bei Zitaten scholastischer Werke)*
S.	Seite
S. Em.	Seine Eminenz
s.o.	siehe oben
s.u.	siehe unten
u.a.	unter anderem/-n
Übers.	Übersetzer(s)
usw.	und so weiter
v.	von
vgl.	vergleiche
z.B.	zum Beispiel

U.I.O.G.D.